EL MOVIMIENTO PARALÍMPICO EN PUERTO RICO

El deporte como medio para cambiar vidas

Dr. Germán Pérez Rodríguez

Publicado por Ibukku
www.ibukku.com
Diseño y maquetación: Índigo Estudio Gráfico
Copyright © 2020 Dr. Germán Pérez Rodríguez
ISBN Paperback: 978-1-64086-570-9
ISBN eBook: 978-1-64086-571-6

ÍNDICE

AGRADECIMIENTO

Las acciones pasan por un periodo transicional donde en primer lugar viene la idea, luego se planifica como ejecutarla y finalmente se lleva a cabo. De esta manera, hace muchos años llegó a mí la idea de dejar para las futuras generaciones, un documento que recoja los momentos históricos del desarrollo del deporte paralímpico en Puerto Rico.

A pesar de mi búsqueda, no encontré ningún documento que recogiera la gesta, no solo de nuestros para-deportistas, sino también de los organizadores. La primera persona a la que le comenté el asunto fue a mi esposa, Gloria Rivera Soto, quien desde entonces me motivaba día a día para que produjera el documento.

Pasaron los años y continuaba en mí la idea pero no la ponía en práctica. Este año (2020), cuando el mundo fue atacado por la pandemia del COVID-19, las autoridades gubernamentales nos ordenaron a permanecer en nuestros hogares, teniendo disponibles las 24 horas del día, pues solo se podía salir a satisfacer alguna necesidad específica como era visitar al médico o adquirir la comida para el hogar.

Las actividades deportivas se detuvieron en todo el mundo e incluso se pospuso el mayor evento para el que estábamos trabajando desde hace cuatro años y que con tanta emoción esperamos: los juegos paralímpicos Tokio 2020.

Y fue aquí donde Gloria me decía: "ahora tienes el tiempo…" Y por fin me coincidieron el tiempo y el deseo de escribir. Dejo este legado a las futuras generaciones con la esperanza que el deporte paralímpico se convierta en prioridad en nuestra sociedad.

Este documento es testigo de los trabajos realizados en el pasado por nuestros para-deportistas y los propulsores del movimiento paralímpico. Agradezco a Gloria Rivera Soto por sus recomendaciones y estímulo. Con gran orgullo puedo decir: "lo logré". Gracias Gloria…

PRÓLOGO

Andrew Parson, Presidente del Comité Paralímpico Internacional.

Han pasado 23 años desde que abracé el Movimiento Paralímpico en primer lugar en mi país, Brasil y a continuación, en el nivel internacional. En todos estos años, me encontré con miles de atletas y dirigentes de todas las partes del mundo. Desde los países más desarrollados a aquellos en vías de desarrollo. Atletas que nacieron con sus discapacidades, atletas que adquirieron sus discapacidades en la infancia y atletas que adquirieron su discapacidad ya en la edad adulta. Atletas blancos, negros, marrones, amarillos. Hombres y mujeres.

Algunos de ellos quieren cambiar la forma con que la sociedad percibe a las personas con discapacidad a través de sus logros deportivos. Otros solo quieren competir, vencer a sus oponentes. Muchos se convierten en grandes amigos. Otros no tanto. Escuché de muchos de ellos historias increíbles, que nos emocionan.

A través de estas experiencias, he aprendido que todos somos diferentes y que las discapacidades son tan solamente características de estas personas. Por eso, todos los atletas paralímpicos son diferentes entre ellos. Incluso aquellos que tienen discapacidades similares, no pueden ser colocados dentro de una misma "caja" como muchas veces, la sociedad le gusta hacer.

Sin embargo, todos los atletas paralímpicos tienen algo en común. No, no es el hecho de que todos tienen algún tipo de discapacidad. Es algo que yo llamo LA DECISIÓN. Ninguno de ellos decidió tener una discapacidad, pero TODOS decidieron ser atletas de alto rendimiento. Eligieron seguir un camino muy difícil en la búsqueda de la excelencia deportiva, a pesar de sus discapacidades.

La vida de un atleta de alto rendimiento requiere sacrificios. La disciplina es esencial para aquellos que quieren alcanzar la gloria del deporte. ¿Porque personas, que tendrían todas las excusas para tratar de caminar en sus vidas de la manera menos difícil en una sociedad llena de prejuicios y que poco les apoya, deciden conscientemente por una vida de estrés y dificultades, sin que haya ninguna garantía de éxito? ¿Qué mueve al atleta paralímpico?

A través de la trayectoria del deporte paralímpico puertorriqueño, de sus atletas y de su principal dirigente, Germán Pérez, estas son algunas de las cuestiones fundamentales que este libro trata de responder. Esta obra no solamente cuenta la historia del deporte adaptado en Puerto Rico. Escrito en primera persona por alguien que fue uno de los principales artífices del movimiento paralímpico en su país y en toda América Latina, propone reflexiones acerca del pasado, pero fundamentalmente del futuro del paralimpismo en el mundo. Entender la historia, estructura y desafíos del movimiento paralímpico nos ayuda a comprender mejor estas mujeres y hombres fantásticos: los atletas paralímpicos.

Me encontré con Germán muchas veces alrededor del mundo en eventos deportivos y estratégicos. Siempre una figura carismática y con una sonrisa para ofrecer. Pero por su propia experiencia como ciego legal sabe que nada en este mundo es conquistado sin lucha y mucho trabajo. A través del presente libro el lector podrá conocer los retos y logros del deporte para personas con discapacidad en Puerto Rico; de los obstáculos que tuvieron que enfrentar a las medallas que conquistaran orgullosamente para su país. Un detallado análisis del deporte paralímpico permite también al lector utilizando la historia particular de Germán entender la lucha de las personas con discapacidad. ¿Quiénes son? ¿Cómo surgen? ¿Qué están buscando?

El viaje, desde el momento en que uno adquiere o toma conciencia de su discapacidad hasta llegar a sus objetivos, sea el pódium o la conquista de derechos, me fascina. Cualquiera que haya tenido la oportunidad de presenciar una competencia paralímpica también ha experimentado esta fascinación de alguna manera. Es algo que nos hace la manera inconsciente. Nos hace bien. Todos sentimos esto y es difícil de explicar. A partir de la lectura de este libro, con el ejemplo de Germán Pérez, es posible entender cómo las personas con discapacidad cambian el mundo a partir de su propia comunidad a través del deporte.

Buena lectura!
Andrew Parsons
Presidente
Comité Paralímpico Internacional

INTRODUCCIÓN

Este documento será mi legado como expresión de agradecimiento para él Comité Paralímpico de Puerto Rico

El deseo de dejar un legado al deporte paralímpico fue mi fuente de motivación para emprender la gestión de producir un documento escrito que llene el vacío existente de la falta de información escrita del desarrollo del movimiento paralímpico en Puerto Rico.

El aporte del deporte paralímpico a nuestra sociedad es significativo. Nuestros atletas diagnosticados con discapacidad le han brindado momentos de orgullo a Puerto Rico y no se ha valorado la gesta de estos deportistas. Pienso que estamos en un buen momento, hay un cambio de actitud favorable hacia la diversidad. Es cierto que falta mucho camino por recorrer. Pero es cierto también que nos corresponde dar a conocer los significativos logros de nuestros para deportistas. Espero que con la publicación de este libro se abra una puerta en esa dirección

El documento está escrito en primera persona y recoge mi experiencia personal con la diversidad funcional, como ciego legal. Los primeros dos capítulos recogen mi experiencia en la vida estudiantil desde los primeros grados escolares hasta mis años universitarios y mis pasos en el movimiento paralímpico en calidad de dirigente deportivo. En esta etapa contribuí en la creación de varias organizaciones deportivas tanto local como internacionalmente. Comencé en el desarrollo de deportes para ciegos y luego me integré al deporte paralímpico en general.

Pero la información más importantes que quiero compartir en estos dos capítulos es poner a la disposición del lector los datos históricos que reflejan el nacimiento del deporte paralímpico en Puerto Rico y su desarrollo.

El capítulo tres se ilustra como documento histórico que sigue la trayectoria desde el año 1948 en Londres, cuando el día que se inician los juegos olímpicos, el Dr. Ludwig Guttmann hace los juegos del Hospital Stoke Mandeville, los cuales se toman como inicio al movimiento paralímpico.

La participación boricua en unos juegos paralímpicos se narra en el cuarto capítulo. Ese hecho histórico ocurre en 1988 en Seúl, Corea del Sur donde Isabel

Bustamante obtiene una medalla de oro y dos de plata. Este importante hecho, que no se le narra a nuestro pueblo, permitió que sea Isabel Bustamante la primera boricua en conquistar una medalla de oro en unos juegos de alto nivel ya sea olímpicos o paralímpicos. Aquí damos a conocer la historia como es y no como nos la cuentan en relación al medallero boricua. Pero Isabel es la única atleta, entre hombre y mujeres, olímpicos o paralímpicos que además de una medalla de oro consiguió otras dos de plata en el mismo evento.

Finalmente, este capítulo hace un recuento histórico de todos los medallistas paralímpicos y los medallistas en los juegos parapanamericanos de Toronto 2015 y Lima 2019.

En el quinto capítulo presento una narrativa breve de la estructura administrativa del Comité Paralímpico Internacional y del Comité Paralímpico de Puerto Rico y su organismo educativo: la Academia Paralímpica de Puerto Rico.

En el sexto capítulo teorizo sobre el camino que debe seguir un para deportista desde su inicio hasta que llega el momento del retiro y lanzo la propuesta para que ese atleta se transforme en un equipo directivo que aporte sus conocimientos a la organización que le dio la oportunidad de desarrollarse.

COPAPUR cuenta con una herramienta sólida para aportar a la inclusión de nuestros ciudadanos a la sociedad y que les permita verlos a partir de sus potencialidades y no desde sus debilidades. Se trata del deporte que incluso trasciende en la sociedad las barreras lingüísticas, culturales y económicas.

Cuando el público ve competir a un deportista paralímpico se emociona y admira como para estas personas no existen barreras para brindar un espectáculo deportivo de altura. Además, el deporte ofrece momentos de gloria y orgullo nacional y une a las diferentes comunidades.

En el campo competitivo, la lucha es fuerte. Pero finalizado el evento, los gestos de solidaridad entre competidores permiten la unión social, lo que contribuye significativamente a la unión de los pueblos de forma pacífica.

Espero que este documento te sea de utilidad y que siembre la semilla para aportar al movimiento paralímpico en Puerto Rico. El deporte brinda grande esperanzas a las personas con diversidad funcional, el deporte cambia vidas. La gran esperanza que mueve a los directivos deportivos del paralimpismo es que cada día se alcance una mejor comprensión de la diversidad.

CAPÍTULO UNO
EL DEPORTE: UN MEDIO PARA BUSCAR LA EXCELENCIA

Este capítulo presenta la historia de un niño ciego legal que vivió y estudió en la pequeña municipalidad de Maricao, Puerto Rico. Narra su experiencia como estudiante en una escuela pública donde los maestros no entendían su condición visual. La educación y el deporte fueron su fuente de ayuda.

De la vida aprendí que cuando se pone toda la energía interna para buscar la excelencia, no hay nada que nos pueda detener. Hago mías las expresiones de Darvin Báez Eliza, primer nadador ciego puertorriqueño que participó en unas paralimpiadas (Río 2016) cuando dijo "ser ciego para mí ha sido una gran bendición".

Recuerdo cuando estudiaba en quinto grado en la escuela elemental Mariana Bracetti en el pequeño municipio de Maricao cuando un maestro me preguntó: ¿qué te gustaría ser cuando seas grande? Esa era la pregunta tradicional que se le hacía a todo niño. Mi respuesta no esperó mucho pues le respondí: "yo quiero ser maestro". Quedó incrédulo ante mi respuesta y me dijo que "para ser maestro tienes que estudiar mucho, incluso ir a la universidad y con tu vista no podrás estudiar tanto".

No sé por qué aquella expresión se me grabó toda la vida y en los momentos que sentía deseos de abandonar los estudios, recordaba a mi maestro de quinto grado. En 1979 me gradué de la Universidad Interamericana con una concentración en trabajo social. Posteriormente, obtuve una maestría en administración pública de la Universidad de Puerto Rico. Mi deseo de continuar estudiando me llevó a graduarme en 1989 de otra maestría en trabajo social de la Universidad de Puerto Rico. Finalmente, en el año 2009 alcancé el grado doctoral en filosofía también en la Universidad de Puerto Rico, Recinto de Río Piedras.

No tengo duda que la preparación académica me abrió muchas puertas para laborar aquí en Puerto Rico. Considero que las expresiones de aquel maestro de quinto grado, fueron el motor impulsor para alcanzar el grado académico más alto posible. Mi maestro de quinto grado no podía pensar que un estudiante diagnosticado con ceguera legal pudiera estudiar en una universidad.

Otro elemento importante en mi vida, en conjunto con la preparación académica es el deporte que me ha abierto puertas. Admito que yo no me imaginaba como no siendo un deportista de primera pudiera alcanzar tanto en el deporte. Y es que el deporte me brindó la oportunidad para desarrollar el liderato.

Como dirigente del deporte paralímpico en particular, me ha permitido llevar a muchas delegaciones de atletas diagnosticados con discapacidad a los niveles más alto del paralimpismo, como es representar a Puerto Rico en eventos regionales, campeonatos mundiales y el más alto nivel: los juegos paralímpicos.

El niño que no podría estudiar en la universidad porque su vista no le alcanzaba, ha viajado lugares tan distante como Casa Blanca, Marruecos; Copenhaguen, Dinamarca; Sidney, Australia; Abu Dabi, EAU; Tokio, Japón, Bonn, Alemania; Venecia, Italia entre otras treintena de países. Puedo resumirlo declarando que he tenido el privilegio de visitar algún punto de todos los continentes.

Esta experiencia, la he logrado con el impulso de saber que vengo de una familia que vivió en la extrema pobreza donde cuando pequeño caminaba por el campo descalzo y luego de regresar de la escuela tenía que ingresar a seguir trabajando en la finca de mis padres, que producía el alimento que consumíamos en el hogar.

Éramos siete hermanos y nuestros padres nos enseñaron a trabajar duro. Mis padres no distinguían entre mis hermanos, quien tenía o no dificultad visual. Para ellos, el trabajo era honra y la honradez no distingue condición social. De hecho, mi madre también era ciega legal y atendía todas las tareas del hogar.

Para llegar a la escuela, era necesario caminar aproximadamente 15 a 20 minutos por una vereda que no estaba asfaltada. Al llegar a la carretera 105 en Maricao, un vehículo nos transportaba luego a la escuela y en la tarde repetíamos la ruta de regreso.

Mis padres poseían poca preparación académica, pero mucha educación. Y eso fue lo que nos brindaron. Para ellos, el respeto era fundamental. Pero el valor más importante era la credibilidad. Mi padre decía "cuando un hombre da una palabra, se cumple". Esos valores guiaron mi vida.

Mi madre alcanzó a cursar quinto grado de escuela elemental. Pero tenía el equivalente a un doctorado en valores. Nos enseñó el valor de luchar por las cosas para ganárselas, lo que implicaba el valor del sacrificio y la honestidad.

Nosotros veíamos juguetes nuevos una vez al año: el día de Reyes. Por eso valorábamos tanto la época navideña. Cuando en mi casa se mataba un lechón, se compartía con todo el barrio. No poseíamos televisor ni nevera. La hora de cenar era una verdadera hora de compartir todos en la mesa. Nuestra bebida en la comida era el jugo de naranja natural, cultivado en la finca.

Doy estos datos porque no tengo duda que fueron moldeando mi carácter. Nuestra escuela principal fue la lucha y el sacrificio. Los resultados de esa enseñanza jamás se olvidan.

Confieso que tuve una niñez muy bonita. Era privilegiado al tener unos hermanos y unos padres de tanta calidad humana. Me veo en el "batey" jugando con mis hermanos. Nuestros juguetes eran hechos por nosotros mismos que construíamos con cosas que recogíamos de la misma finca. Eran pedacitos de palo o potes de leche vacíos que imaginábamos que eran los mejores juguetes del mundo.

Éramos 10 hermanos varones, los primeros tres eran hermanos mayores por parte de padre que no se criaron con los siete restantes. De los siete, cuatro heredamos la condición de albinismo de nuestra madre: Radamés, José Luis, Ferdinand (el menor de todos los hermanos) y yo.

En la niñez vivía en el Municipio de Maricao, Puerto Rico. Por tratarse de un pueblo con una población que no excede las 5 mil personas, no conocía a nadie más con nuestra condición visual. Como nunca había salido de mi pueblo, pensaba que nadie más en el mundo tenía nuestra condición. Siendo niño, no podía comprender por qué un "maestro" no podía entender que yo no veía como los demás, aun cuando ellos nos referían todos los años a un oftalmólogo para las pruebas visuales de rutina.

Más aún, no entendía por qué si el oftalmólogo me recetaba unos espejuelos con unos cristales tan gruesos, yo no podía ver a la pizarra ni siquiera cuando estaba sentado en el primer asiento. Las dudas se me acrecentaban cuando el maestro no lo podía entender, el oftalmólogo me seguía recetando espejuelos aun cuando yo le explicaba que no me ayudaban y su respuesta era que me tenía que acostumbrar a los espejuelos.

Fue en 1973 cuando cursaba el 10mo grado y trabajaba en un empleo de verano cuando fui a firmar la hoja de salida. Un Consejero del Programa Rehabilitación Vocacional se acercó a mi persona y me preguntó que si yo era ciego. Por supuesto que lo negué. Pensaba que admitirlo le daba la oportunidad para que discriminara contra mi persona y pensaba que incluso me podía sacar del trabajo.

Entonces se identificó con mi persona. Su nombre es Raúl Valentín, un extraordinario servidor público que abrió las puertas para que se diera un cambio drástico en mi vida. Me refirió a Héctor Irizarry, un Consejero que trabajaba con personas ciegas y junto a mi hermano Ferdinand y un amigo de nombre Jesús Rivera (Chucho) nos brindaron la oportunidad para entrar a un programa de rehabilitación para ciegos.

Para mi sorpresa, Héctor Irizarry era ciego total. Yo decía que no era ciego porque en realidad no sabía que la ceguera tenía diferentes gradaciones. Así que en el caso mío, soy ciego legal porque mi métrica de visión es 20/400 y el Estado ha definido que cuando una persona tiene una métrica visual de 20/200 o más alto, se considera ciego legal y adquiere todos los derechos que el Estado le provee a una persona ciega.

El 1 de marzo de 1974, mi hermano Ferdinand, Chucho y yo salimos para el Centro de Rehabilitación Vocacional para Ciegos en San Juan. Fue la primera vez que salía de mi hogar a quedarme fuera por varios meses. En el Centro, conocimos personas ciegas de todo Puerto Rico. Fue un proceso de rehabilitación excelente. Allí aprendimos a escribir en el Sistema Braile para ciegos y técnicas para caminar con el bastón. Admito que todavía no me adapto a usar el bastón aun cuando reconozco el valor de utilizarlo.

También aprendimos a hacer muchas tareas sin necesidad de utilizar la vista.

Pero lo más importante, fue que adquirimos la destreza de vivir independientes. Raúl Valentín, Héctor Irizarry y más tarde José Luis Cuevas, siendo los últimos dos ciegos totales, fueron tres extraordinarios servidores públicos que ayudaron a transformar muchas vidas. Estas tres personas llevaban consigo aquellos valores que desde niño me enseñaron mis padres: "no importa donde estés, trata de hacerlo bien".

En el Centro de Rehabilitación para Ciegos conocí muchas personas diagnosticadas con la misma condición visual mía. Y lo más importante, aprendí a vivir como ciego, a trabajar como ciego y a aceptar mi condición. Aprendí que hay maneras distintas de hacer las cosas.

En 1974, cinco meses después regresé a mi pequeño pueblo de Maricao para completar el 12vo. grado de escuela superior. Pero regresé con deseos de seguir estudiando, de volver a San Juan. Un año más tarde, fui admitido a la Universidad Interamericana, Recinto de San Germán.

En 1976 solicité traslado de la Universidad Interamericana, Recinto de San Germán al Recinto de Hato

Rey. Al llegar a San Juan me hospedaba en la Avenida Ponce de León, esquina Ave. Gándara en Rio Piedras, exactamente al costado de la Universidad de Puerto Rico, Recinto de Río Piedras. Esta ubicación se da por casualidad, pues la Universidad de Puerto Rico contaba en aquel entonces con la "Sala para No-Videntes". Este era un espacio reservado para los estudiantes ciegos, donde se le prestaba equipo de asistencia técnica y se le ofrecía el servicio de lectores.

Allí conocí otro grupo de jóvenes ciegos universitarios e hicimos gran amistad. Me enteré que los estudiantes ciegos tenían una organización denominada Fraternidad Delta Pnu Chi. Esta entidad era integrada solo por hombres ciegos. Las mujeres aportaban pero no tenían derecho a voz ni voto en las reuniones. Muy pronto solicité admisión a la misma. Allí asumí varias posiciones de liderato.

Como amigo de un grupo de personas ciegas que compartíamos los mismos intereses me percaté que estudiar la profesión de trabajo social me sería de gran utilidad para ayudar a esta población. De igual forma, el grupo que asistía a la Sala para No Videntes comenzó a hacer deportes y se invitaba a los lectores y amigos universitarios. Otro cambio en favor de la conducta positiva se observaba en las personas ciegas que practicaban deportes. Los compañeros que se integraban, veían en la persona ciega una nueva perspectiva.

Todos los fines de semana nos reuníamos para practicar deportes en el parque de pelota de la Escuela Superior de la Universidad de Puerto Rico. Se acercaban los amigos, público en general y todos se asombraban al ver a un grupo de personas ciegas haciendo deportes.

CAPÍTULO DOS
MIS PRIMEROS PASOS EN EL
MOVIMIENTO PARALÍMPICO

La creación de varias organizaciones deportivas para
discapacitados en los años 90, fue una de las principales
aportaciones que hizo el autor al movimiento paralímpico
local

1994: Arranca la "Puerto Rico Blind Sport Association (PRIBSA)"

Mi primera participación en el deporte de alto
rendimiento fue en los Quintos Juegos Latinoamericanos para Ciegos celebrados en Sao Pablo, Brasil
en el año 1994. Recuerdo con mucha emoción este
momento, pues me correspondió ser el atleta abanderado de nuestra delegación. Previo a la apertura, el día
que llegamos a Sao Paulo, me llevaron en un vehículo
de los bomberos, parado portando la bandera de Puerto Rico. Fue un paseo por la Ciudad de Sao Paulo,
donde el público saludaba a nuestra delegación.

Fui el atleta abanderado de Puerto Rico en los V Juegos Latinoamericanos para Ciegos celebrados en Sao Paulo, Brasil

Aunque mi rol principal en este evento era de deportista, llevaba el interés de conocer cómo se desarrollaba el movimiento deportivo para ciegos en otros países. Así es que procuraba acercarme a los líderes deportivos a cargos de las otras delegaciones. Debo de reconocer que nunca fui un atleta destacado pero siempre el deporte me entusiasmaba. Sentía que era una herramienta importante para demostrar que mi condición visual no era un impedimento. Se convertía en un instrumento para buscar nuevas opciones que me dieran la oportunidad de destacarme.

Pues bien, conocí a Alberto Bravo Agudo, "Chairman" de la Región de América de la Federación Internacional de Deportistas Ciegos (en inglés "International Blind Sport Federation, IBSA"), con quien procuré que me orientara sobre los requisitos para que una organización deportiva sea reconocida por IBSA.

Cuando regresé a Puerto Rico, formalizamos la primera organización de deportes para ciegos dirigida por personas diagnosticadas con algún tipo de ceguera. Redactamos los estatutos constitutivos y convocamos a todos los atletas que practicaban algún tipo de deporte en Puerto Rico. De esta forma se crea en el año 1994 la "Puerto Rico Blind Sport Association (PRIBSA)". Le dimos el nombre en inglés porque queríamos acelerar el proceso de ser reconocidos como el único representante de la IBSA en Puerto Rico. Esto no era un requerimiento de las autoridades internacionales, pero queríamos ser puentes entre los países hispanos y los angloparlantes.

Me correspondió presidir la primera Junta Directiva, electa por asamblea constituyente en la que José Manuel Berríos fue electo Vicepresidente, José Raúl Ocasio, Secretario y Pedro Alvarado, Tesorero.

El objetivo fundamental de esta Junta era el lograr el reconocimiento internacional de IBSA, lo cual ocurrió en el año 1995.

IBSA postulaba que el deporte para ciegos fuera dirigido por personas ciegas. Por lo tanto, prefería que sus organizaciones miembros fueran dirigidas por personas diagnosticadas con ceguera, ya sea total o parcial. Sin embargo, muchos países no tenían organizaciones dirigidas por ciegos que lideraran el deporte nacional. Así que entonces IBSA otorgaba el reconocimiento a cualquier otra organización, que no siendo liderada por personas ciegas, creían y desarrollaban el deporte para ciegos.

En Puerto Rico, Rodrigo (Papo) Carrera era miembro del Club de Leones y dirigía el Banco de Ojos del Leonismo Puertorriqueño, cuya función era proveer servicios a las personas diagnosticadas con esta discapacidad. Realizaban muchas actividades benéficas para ciegos como era el conseguirles espejuelos, hacerles exámenes oftalmológicos, promover el "Rally de Ciegos", entre otras.

A través del Departamento de Recreación y Deportes, Rodrígo Carrera conoció el deporte para Ciegos. Incluyó en su equipo de trabajo a David Acevedo y su esposa Myriam Santiago, quienes actuarían como entrenadores de los deportistas ciegos. A su vez, solicitó a IBSA y obtuvo el reconocimiento del Club de Leones como la organización miembro con pleno derechos de voz y voto en las asambleas deliberativas.

Aunque no puedo precisar en qué año ocurrió esto, puedo asegurar que fue previo al 1994, fecha en que me incorporo al deporte local.

En 1995 se celebró en Buenos Aires, Argentina los 6to. Juegos Latinoamericanos para Ciegos y aunque continuaba el Club de Leones al frente de la Organización del deporte para ciegos en Puerto Rico, ya PRIBSA se había formado bajo su liderato de atletas ciegos.

Se practicaban los deportes de atletismo, natación, ajedrez, golbol y bolos. Con certeza, podemos reconocer en Rodrigo Carrera, David Acevedo y Myriam Santiago, como los precursores del deporte para Ciegos en Puerto Rico.

Al registrar una nueva organización deportiva para ciego en Puerto Rico, se le abrieron nuevas puertas a nuestros deportistas para que más allá de las competencias locales, pudieran medir sus destrezas frente a otros deportistas ciegos tanto de América en primer lugar y luego, frente a otros países del mundo.

Desde la estructura organizacional de PRIBSA los atletas ciegos participaron en la década del 90 en los 5tos. y 6tos. Juegos Latinoamericanos para Ciegos celebrados en 1994 en Sao Pablo Brasil y Buenos Aires,

Argentina en 1995 respectivamente. Allí sobresalieron los atletas Pedro Alvarado (categoría B1) en el lance de la bala, disco y jabalina y Orlando Rosario, Categoría B3 en el lance de la jabalina.

En los eventos internacionales, Puerto Rico participaba en atletismo, golbol y ajedrez. Yo formé parte de ambas delegaciones, en la primera como deportista y en la segunda como deportista y Presidente de PRIB-SA. Practicaba los tres deportes, pero hago la salvedad que no me destacaba en ninguno. Me guiaba la pasión por el deporte y me entusiasmaba los beneficios físicos y sicológicos del mismo. El deporte me abrió puertas jamás sospechadas ni mucho menos planificadas. Me ofreció la gran oportunidad de desarrollar mi liderato tanto local como internacionalmente. Mis amistades crecieron significativamente y no tenían fronteras, aun cuando no teníamos el beneficio del internet que existe hoy día.

Algo que me impresionaba mucho era que cuando Puerto Rico participaba en un evento deportivo impregnaba una alegría especial. Sentía que todos los equipos querían participar con nosotros y que los países latinoamericanos disfrutaban la presencia nuestra.

Otros eventos importante donde participaron los atletas ciegos de Puerto Rico fueron la Copa del Mundo de golbol celebrada en Venecia, Italia 1996 y el Campeonato Mundial de IBSA celebrados en Madrid, España en 1997. Se participó en otros eventos de menor jerarquía como Venezuela, República Dominicana y El Salvador entre otros.

PRIBSA pasó a ser reconocida a nivel internacional en el año 1995 cuando este presidente recibió una carta del Secretario General de IBSA notificando que PRIBSA había sido admitida con todos los derechos dentro de IBSA. Es decir, PRIBSA se convirtió en el representante internacional de IBSA, lo que implicó que era el organismo rector del deporte para ciegos en nuestro país.

Abriendo Camino

Cultivar las buenas relaciones personales y profesionales es la llave principal para abrir camino para una organización. Siendo PRIBSA una organización recién creada, era imprescindible ganar credibilidad. Esto se logra manteniendo un plan claro de trabajo y cumpliendo los compromisos adquiridos.

En Puerto Rico desde el inicio hemos cultivado muy buenas relaciones con el Departamento de Recreación y Deportes (DRD). Para la década de los 90 contaban con la Secretaría Auxiliar de Recreación

Adaptada (SARA) con la cual coordinábamos la realización de actividades deportivas. Era el DRD nuestro auspiciador principal cuando se trataba de la participación internacional de nuestros deportistas ciegos.

Cuando organizábamos una actividad competitiva, el DRD convocaba a su personal de toda la isla y además de los recursos humanos, facilitaban la transportación para los atletas. Se formalizó una liga de golbol de tres equipos que representaban a las regiones de Humacao (este), Hormiguero (oeste) y San Juan (norte).

También establecimos muy buenas relaciones con la Oficina de Asuntos Estudiantiles de las Personas con Impedimentos (OAPI) de la Universidad de Puerto Rico que dirigía el Lcdo. José Raúl Ocasio, quien a su vez era Secretario de PRIBSA y jugador de golbol. Anualmente se celebraba el Festival PRIBSA-OAPI que consistía en un día de competencias deportivas en atletismo, natación, golbol y ajedrez para ciegos.

Indiscutiblemente, un elemento clave para obtener éxito en el desarrollo del liderato deportivo es cultivar unas buenas relaciones. Después de todo, el deporte es un elemento de unión y las buenas relaciones facilitan el camino para obtener los objetivos deseados.

Relaciones Internacionales Fuertes

El español Enrique Sanz Jiménez ocupó la presidencia de IBSA por tres términos de cuatro años cada uno. Fue electo por primera vez en el año 1989 en San José, Costa Rica. Cuando PRIBSA fue reconocida por IBSA, lo primero que procuré fue conocer al ejecutivo de IBSA y encontré en Enrique Sanz Jiménez un gran aliado de Puerto Rico. Esto permitió abrir muchas puertas en beneficio de PRIBSA y los atletas ciegos de Puerto Rico. El liderato nacional en América reconocía mi influencia en las altas estructuras de IBSA.

De igual manera, establecí una fuerte relación de amistad y trabajo con Alberto Bravo Agudo, quien era el "Chairman" de IBSA en América. Luego de la renuncia de Zulma Blasco a la Secretaría General de América, Alberto me solicita que asuma la posición interinamente, lo cual hice hasta el 1997 cuando se celebra una asamblea general de la organización en Casa Blanca, Marruecos.

Por tercera y última ocasión, Enrique se postula para presidir a IBSA y junto a Alberto nos aseguramos que todos los votos de América sean en favor de Enrique. Así las cosas, también se celebró en dicho lugar, las asambleas continentales. Cada Continente llevó a cabo su asamblea para elegir a sus representantes ante

IBSA, los cuales pasarían a ser miembros del Comité Ejecutivo.

Enrique y yo tuvimos una gran amistad de la cual aprendí mucho. Este distinguido presidente se destacó porque creía mucho en el movimiento deportivo en favor de los deportistas ciegos. Estaba convencido de las bondades del deporte sobre la discapacidad y sabía que el deporte cambia vidas y ofrece momentos de gloria a los países, pero sobretodo, exalta los valores del Ser Humano y se potencia las capacidades sobre la discapacidad. Enrique fue un gran líder deportivo con unos principios invaluables. Defendió la causa del ciego en las estructuras administrativas. Bajo su liderato, IBSA fue una organización deportiva respetada e inspiradora internacionalmente.

Alberto Bravo vuelve a postularse como "Chairman" para América y resultó electo sin oposición. Pero había una posición que me interesaba, era la de Director de Comunicaciones.

Competí con un experimentado líder de Brasil y amigo personal: Vital Severino Neto. Para mí era un reto pues conocía de su gran capacidad y de su liderazgo. Pero contaba con las buenas relaciones cultivadas en IBSA. De esta manera fui electo, ganando la candidatura abrumadoramente, lo cual fue una sorpresa incluso para mí.

De las cuatro federaciones internacionales adscritas al Comité Paralímpico Internacional (CPI), IBSA era la que mejor estructura organizativa tenía. Estaba respaldada económicamente por la Organización Nacional de Ciegos Españoles (ONCE) gracias a la relación de Enrique con ésta. La ONCE es una poderosa organización social dirigida por personas ciegas en España que administra un sinnúmero de empresas, entre ellas la lotería española.

El dato que precede es importante, porque IBSA mostró gran interés en posicionarse en el más alto nivel del CPI. El canadiense Robert (Bob) Steward era el Presidente del Comité Paralímpico Internacional y nadie aspiraría a retarlo. Así que tanto IBSA como la ONCE le interesaban asumir un papel protagónico.

En 1997 el IPC celebra una asamblea significativa en Sidney, Australia. España aspiraría a alcanzar dos objetivos fundamentales: lograr la sede para el IPC y colocar a Miguel Sagarra en la Secretaría General.

Tres países europeos interesaban tener la sede del IPC: Francia, España y Alemania. Se buscaban los votos fuera de las reuniones formales. Estaba muy reñida la contienda y parecía que ninguno alcanzaría la mayoría de votos necesarios para ganar.

España negocia retirar su candidatura si a cambio apoyaban a Miguel para asumir la posición de Secretario General. Mediante un traductor, se me asignó hablar con el representante de Rusia y le ofrecí los votos de América Latina para un candidato de ellos que aspiraba a una posición por acumulación, si ellos apoyaban a Miguel.

Finalmente, Alemania consiguió la sede física para el IPC y Miguel Sagarra fue electo Secretario General. El IPC muda sus instalaciones a Bonn, Alemania en el año 1999 donde permanece hasta el día en que se transcribe este documento.

1995: Nace el Comité Paralímpico de Puerto Rico (COPAPUR)

En 1989 surge el Comité Paralímpico Internacional (CPI) que sustituye al organismo que hasta aquel entonces coordinaba los juegos paralímpicos. Entre sus mandatos, le solicita a cada país que establezca una figura deportiva que sirva como rector del para deporte nacional. Fue Barcelona 1992 los primeros juegos paralímpicos que supervisa esta nueva entidad deportiva.

Puerto Rico comienza a mirar esta nueva estructura en el año 1994 bajo el liderato de Fernando Batista. Ese año (1994) en calidad de Presidente de PRIBSA fui convocado para una reunión con el fin de crear una institución deportiva sombrilla que aglutinara las organizaciones que hacían deporte de alto rendimiento para personas diagnosticadas con alguna discapacidad. De esa manera coincidimos los Presidentes de seis organizaciones deportivas para crear el Comité Paralímpico de Puerto Rico (COPAPUR). Las organizaciones adscritas a COPAPUR fueron:

- Asociación de Tenis de Mesa en Silla de Ruedas (ATEMESIRU)
- Asociación de Tenis en Silla de Ruedas (ATESIRU)
- Federación de Atletismo Nacional Adaptada (FANA)
- Federación Nacional de Baloncesto en Silla de Ruedas (FENA de BASIRU)
- Federación de Tiro de Personas con Impedimentos (FETPI)
- Puerto Rico Blind Sport Association (PRIBSA)

Se aprobó el documento constitutivo y en noviembre de 1995, se lleva a cabo la primera elección de la junta de directores quedando integrada por Fernando Batista como Presidente; me honró asumir la posición de Vicepresidente; Iris Yolanda Irizarry, Secretaria y James Torres como Tesorero.

A principio del año 1997, Fernando Batista renuncia a la presidencia del Comité Paralímpico de Puerto Rico y según establecido por el reglamento, en ausencia del Presidente, el Vicepresidente asume la posición. Fue así como pasé a presidir por primera vez a COPAPUR. Me correspondió entonces asumir el rol de líder del organismo de más alto nivel deportivo para los para deportistas de Puerto Rico.

1997: Surge el Comité Paralímpico de América (APC)

El movimiento paralímpico internacional iba tomando auge en todo el mundo. El Comité Paralímpico Internacional reconoció la importancia de apoyar a América para que establezca una estructura regional. Para alcanzar este objetivo, los Presidentes de los Comités Paralímpicos u organizaciones representativas del IPC en cada país fuimos convocados a un Congreso en Atlanta, Georgia en el 1997.

Como resultado del Congreso, se eligió una comisión ad hoc para que trabaje en la constitución del Comité Paralímpico de las Américas. Tuve el privilegio de ser parte de esa primera Comisión de trabajo junto a José Luis Campos, de Argentina y un compañero de México del cual no recuerdo el nombre. Así trabajamos dos años y en 1999 en la Ciudad de Mérida del Estado de Yucatán en México, se seleccionó mediante votación de los presentes al primer grupo que dirigiría los rumbos de la Región de América del APC. Una vez más, tuvimos el favor del voto de América para seleccionar a José Luis Campos, Presidente y a este servidor, Secretario General. Nuestro amigo de México (que lamentablemente no recuerdo el nombre) fue electo Director Técnico.

Entre las responsabilidades de este primer equipo estuvo la de coordinar los Primeros Juegos Para panamericanos celebrados en la Ciudad de México ese mismo año. Por primera vez acude una delegación boricua a un evento de tanta altura deportiva internacional, donde se unen los atletas que representaban tres discapacidades en el movimiento deportivo. Me refiero a atletas ciegos, discapacidad física y discapacidad intelectual.

El movimiento paralímpico en América se ha ido levantando con mucho esfuerzo y sacrificio. No hay duda que muchos de los países están muy convulsionados por la cuestión política y que esto le afecta al desarrollo del deporte para los atletas con discapacidad. Cada país presenta diferentes situaciones. Así, países como Cuba, Brasil y México donde el gobierno le da un alto significado al deporte con discapacidad, están mejor preparados en las competencias y obtienen mejores resultados. Mejor resultados vemos en países como Estados Unidos y Canadá, donde la empresa privada hace importantes aportaciones. Otros en vías de desarrollo deportivo como Colombia y Venezuela apuestan al futuro cercano.

Las versiones de los Juegos Paralímpicos de Rio 2016 y luego de los Juegos Parapanamericanos como Toronto 2015 y Lima 2019, han dado buena visibilidad al movimiento paralímpico.

Dado el poco interés en el gobierno de Puerto Rico por el deporte paralímpico, tenemos que atemperarnos a la nueva realidad gubernamental donde se pretende administrar como una empresa privada relegando a un segundo plano su función social. En Puerto Rico, la Empresa Toyota ha apostado en favor de los deportistas paralímpicos en ruta a los próximos juegos paralímpicos.

Las organizaciones internacionales confían que tengamos buenas relaciones de trabajo con los gobiernos pero los gobiernos no deben dirigir el deporte. Cuando el deporte se dirige desde el gobierno y surgen cambios gubernamentales, se afecta el desarrollo del movimiento deportivo. Es altamente conocido que mientras el deporte une a los pueblos, los gobiernos y sus políticas los divide.

En el año 2000 renuncié al cargo de Presidente y me separé por cerca de 13 años del movimiento deportivo. Fue en el 2013, que gracias a James Torres, quien en ese momento presidía el Comité Paralímpico de Puerto Rico, me solicitó que regresara a liderar el movimiento de deportistas ciegos, pues ya había dejado de participar en los movimientos deportivos internacionales.

Al reintegrarme al movimiento deportivo, encuentro que la organización deportiva para ciegos ya no existía y COPAPUR había adquirido la representación en IBSA. Convoco a los atletas ciegos de Puerto Rico para crear una organización que les representara. Así surge la Federación Puertorriqueña de Deportistas Ciegos (FEPUDECI) y la primera gestión que realizamos fue solicitar nuevamente a IBSA el reconocimiento.

Por otra parte, en COPAPUR quedó vacante la vicepresidencia y fui electo a dicho cargo. Junto al Presidente James Torres, trabajamos para llevar una buena representación a los Juegos Para Panamericanos Toronto 2015 y los Juegos Paralímpicos Río 2016.

Ese año, pasados los Juegos Paralímpicos se llevaba el proceso electoral de COPAPUR y James Torres optó por no postularse a la presidencia y fui electo Presidente. Me he propuesto dejar un legado al para-deporte puertorriqueño. Por eso mi primer proyecto fue crear la Academia Paralímpica (APAPUR) con el fin de impactar el sistema educativo desde la Universidad y la escuela.

Academia Paralímpica de Puerto Rico

Desde 2013 cuando organicé la Federación Puertorriqueña de Deportistas Ciegos (FEPUDECI), el Dr. Miguel Albarrán me había ofrecido la idea de crear la Academia Paralímpica. La presenté al Comité Ejecutivo de COPAPUR en el año 2014, pero aunque me decían que la idea era buena, no la implementaban. Entonces decidí reclutar al Dr. Albarrán, quien comenzó a ofrecer los servicios a FEPUDECI de manera voluntaria.

Cuando fui electo presidente de COPAPUR en el año 2016 había preparado un documento de trabajo que luego se plasmaría como el Plan Estratégico 2016-2020. Uno de mis principales proyectos era establecer la Academia Paralímpica de Puerto Rico (APAPUR), como brazo educativo de COPAPUR.

Al tomar posesión, en mi primer mensaje informé que una de mis prioridades era instituir la Academia Paralímpica. Nombré al Dr. Miguel Albarrán como su Director y le encomendé la realización del Primer Congreso Paralímpico el cual se llevó a cabo en el año 2017 en el Recinto Universitario de Mayagüez de la Universidad de Puerto Rico.

El segundo Congreso Paralímpico se llevó a cabo en el año 2018 en la Universidad de Puerto Rico, Recinto de Arecibo y en el año 2019 la Universidad de Puerto Rico, Recinto de Río Piedras organizó el Tercer Congreso Paralímpico. De igual manera, ha organizado diversas charlas y conferencias en otras universidades lo que ha permitido impactar de manera significativo a los futuros profesionales que estarán al frente de la enseñanza deportiva en nuestro país.

La Academia Paralímpica recibió una carta del Dr. Luis O. del Río, Director del Departamento de Kinesiología que señala "puede contar con el Departamento de Kinesiología del Recinto Universitario de Mayagüez como su casa y ubicación física…" Esto constituye un logro significativo, pues tener la Academia Paralímpica con el apoyo de una institución universitaria le ofrece un prestigio de gran relevancia.

También se firmó un acuerdo de colaboración con la Asociación Científico Cultural de Investigación y Docencia en actividades Físicas y Deportes de Islas Canarias en España. APAPUR ha sentado las bases de la enseñanza educativa en nuestras escuelas del futuro.

CAPÍTULO TRES
PERSPECTIVA DEL DEPORTE
PARALÍMPICO

En este capítulo se sigue la trayectoria del movimiento
paralímpico en los ámbitos internacional y local desde
su fundación hasta el presente. Conozca a los principales
propulsores del deporte paralímpico en Puerto Rico

Viaje en el ámbito internacional

La primera etapa de los Juegos Olímpicos culminó en el año 1936 en Alemania. Luego se vieron
interrumpidos por ocho años como consecuencia de
la Segunda Guerra Mundial. Inglaterra retoma los
juegos en 1948 fecha en que surge la figura del Dr.
Ludwig Guttman (neurólogo y neurocirujano inglés)
reconocido como el padre del deporte paralímpico.
Fue llamado por el gobierno inglés en 1944 para que
ofreciera tratamiento médico en el Hospital Stoke
Mandeville donde comienza a utilizar el deporte como
medio terapéutico.

El 29 de julio de 1948, coincidiendo con el día que
se inauguraron los juegos olímpicos, Guttman llevó
a cabo unas competencias con 16 pacientes lesiona-

dos de la médula espinal (14 hombres y 2 mujeres) en tiro con arco. Se considera ese inicio como la antesala a los juegos paralímpicos internacionales. Los juegos comienzan a tomar relevancia pero carecían de unas normas que generalizara la práctica del mismo.

Hasta el 1952 la organización de los juegos recayó en manos del Dr. Guttmann y su equipo de trabajo. Ese año se abrió a la participación de una delegación extranjera y unos militares holandeses participan en los juegos mundiales de Stoke Mandeville, lo que atrae la atención internacional.

En 1960 se crea la Organización Internacional de Deportes para Minusválidos (ISOD) que establece las pautas para las competencias internacionales de los atletas amputados, ciegos y paralíticos cerebrales. Ese mismo año, Roma celebra los primeros juegos paralímpicos inmediatamente pasados los Juegos Olímpicos. Guttmann apoya que la ciudad que celebre los juegos olímpicos siguientes, a su vez presente los paralímpicos y esta idea es acogida por Japón en 1964.

En 1961 se creó el Comité Internacional de los Juegos Stoke Mandeville, organismo que fue sustituido en 1972 por la Federación Internacional de los Juegos Stoke Mandeville.

En la década de los 80, los atletas ciegos y paralíticos cerebrales se separan de la ISOD para crear sus propias organizaciones internacionales. Así surgen la Asociación Internacional de Deportes para Ciegos (IBSA) y la Asociación Internacional de Deportes y Recreación de Paralíticos Cerebrales (CP-ISRA). Los atletas en silla de ruedas se aglutinan en la Federación Internacional de Juegos Stoke Mandeville (ISMGF) que en el año 2004 se une a ISOD para formar la Federación Internacional de Deportes en Silla de Ruedas y Amputados (IWAS). Además de las tres organizaciones mencionadas, se integran más tarde otras dos: el Comité Internacional de Deportes para Sordos (fundado en 1924) y la Federación Internacional de Deportes para Minusválidos Síquicos (INAS-FMH) fundada en 1986.

En 1982, las federaciones internacionales deciden integrarse en el Comité Coordinador Internacional (CCI), pero manteniendo cada una de ellas su independencia de criterios y reglamentando sus propios deportes. Sin embargo, las naciones y organizaciones regionales reclamaban más participación en el proceso de toma de decisiones para organizar los juegos paralímpicos Esto llevó a que en 1989 se fundara una nueva organización democrática, con participación de todos los países y organizaciones regionales e internacionales. Su nombre es Comité Paralímpico Internacional (CPI). Oficialmente el IPC sustituyó al CCI pasado los Juegos Paralímpicos Barcelona 92.

El Comité Olímpico Internacional (COI) acuerda avalar los juegos paralímpicos una vez finalizados los juegos olímpicos con el fin de aprovechar las instalaciones construidas. El objetivo al celebrar los juegos posterior y no concurrente con los olímpicos es para buscar que estos se adaptasen a las necesidades de los atletas con discapacidad.

Originalmente la palabra paralímpico se empleaba como una combinación de parapléjico y olímpico, posteriormente se asocia con paralelo y olímpico para ilustrar como los dos movimientos deportivos coexisten uno al lado del otro como una avenida de dos carriles que conducen a un mismo destino. El concepto paralímpico se comenzó a utilizar en el año 1988 en Seúl. Se determinó llamarlos "paralímpicos" y no "olímpicos" por entender que estos son paralelos a aquellos.

Citando a Ludwig Gutmann, "El deporte debe convertirse en una fuerza impulsora para que los atletas diagnosticados con discapacidad busquen o reestablezcan el contacto con el mundo que los rodea y por consiguiente, el reconocimiento como ciudadanos iguales y respetados"

Como vemos, el inicio de los juegos se da mediante una función de tratamiento o enfoque clínico y su desarrollo ha sido de tal magnitud, que hoy ha pasado a ser la fuente principal de integración social de las personas con discapacidad.

El paralimpismo boricua

Puerto Rico no ha estado ajeno a la participación deportiva con sus para-atletas. Fue el Dr. Rafael Martínez Cayere quien introduce la participación internacional de los atletas en silla de ruedas a finales de la década de los 70. Rodrigo (Papo) Carrera, David Acevedo y Myriam Santiago hacen lo propio con los atletas ciegos a principio de los 90 con el Club de Leones y Luis Vigo con los atletas diagnosticados con discapacidad intelectual.

Así como el desarrollo del deporte paralímpico internacional en sus inicios fue altamente influenciado por las personas afectadas como consecuencia de la segunda guerra mundial, en Puerto Rico se dio de manera similar para los años ochenta desde el Hospital de Veteranos.

En 1976 se crea el Comité Deportivo en Sillas de Ruedas (CODESIRU) y cuatro años más tarde reciben la visita de un equipo de atletas de la República Dominicana.

Los atletas puertorriqueños en silla de ruedas participan por primera vez en unas competencias internacionales en 1982 en los VII Juegos Panamericanos de Deportes en Silla de Ruedas que se celebraron en Nova Scotia, Canadá. Cuatro años más tarde, este país es la sede de los VIII Juegos deportivos en silla de ruedas, los cuales se efectuaron en la base Ramey de Aguadilla. Esta delegación arribó en la quinta posición de un total de 17 países que participaron.

En 1987, acuden a los Juegos Mundiales de Stoke Mandeville, Inglaterra donde además de obtener cuatro medallas de oro se establecen dos récords mundiales. En 1988 se participa por primera vez en los Juegos Paralímpicos celebrados en Seúl, Corea del Sur alcanzando una medalla de oro y dos de plata, recayendo este honor en Isabel Bustamante.

Isabel Bustamante se convierte en la primera persona (entre mujeres y hombres, olímpicos o paralímpicos) en conquistar una medalla de oro para Puerto Rico en un evento deportivo de tan gran magnitud.

El 1989 marca el inicio de la competición de los atletas ciegos de Puerto Rico y se conoce en la figura de Rodrigo Carrera como el promotor del deporte de estos atletas a nivel internacional. Es en el escenario de los III Juegos Latinoamericanos para Ciegos en Venezuela donde los atletas ciegos boricuas conquistan cinco medallas.

En 1990 se celebró en Puerto Rico el I Campeonato Panamericano de Tiro en Silla de Ruedas y un año más tarde este equipo participa en el II Campeonato de Tiro y logra la segunda posición, solo superado por el equipo de Estados Unidos.

En 1994 los atletas ciegos de Puerto Rico participaron en los V Juegos Latinoamericanos para Ciegos en Sao Paulo, Brasil y ese mismo año se fundó la Asociación Puertorriqueña de Atletas Ciegos (PRIBSA), la cual fue reconocida un año más tarde por la "Federación Internacional del Deportes para Ciegos (IBSA).

El Comité Paralímpico de Puerto Rico (COPAPUR) fue creado en 1995 bajo el liderato del Profesor Fernando Batista y pretendía seguir la nueva estructuración del Comité Paralímpico Internacional (CPI) creado para agrupar a todos los países con atletas de alto rendimiento y convertirse en el organismo rector de las paralimpiadas cada cuatro años.

Durante ese año se participa en los Primeros Juegos Panamericanos en Silla de Ruedas en Buenos Aires, Argentina. Puerto Rico conquistó el tercer lugar en baloncesto. También en Buenos Aires, los atletas ciegos participaron en los VI Juegos Latinoamericanos y Puerto Rico logró cinco medallas en atletismo.

Un equipo de atletas ciegos participa de la Copa Mundial de Balongol en Venecia, Italia en 1997. En Puerto Rico se organiza el Primer Campeonato Latinoamericano de Ajedrez para Ciegos. En 1998 los para-atletas de Puerto Rico participan en cuatro eventos mundiales con el fin de buscar la clasificación para los Juegos Paralímpicos que se celebraron dos años más tarde en Sydney, Australia. Así, seis atletas en silla de ruedas participaron del "España Open", celebrado en Barcelona siendo éste un evento competitivo de tenis de cancha. La Federación de Tiro de Personas con Impedimentos acudió al II Campeonato Mundial de Tiro Olímpico en Santander, España. Se destaca en este evento la participación de Nilda Gómez, una atleta femenina. Este aspecto es importante pues vemos la integración de la mujer deportista con discapacidad en el proceso competitivo de la elite puertorriqueña. En el tercer evento se destaca que un atleta ciego de Puerto Rico acude al I Campeonato Mundial de Deportes para Ciegos celebrados en Madrid, España, recayendo este honor en Pedro Alvarado. La cuarta delegación puertorriqueña acude a los juegos mundiales de Stoke Mandeville.

Los Primeros Juegos Panamericanos con la participación de representantes de las cinco federaciones internacionales reconocidas en América, se efectuaron en la Capital Mexicana en 1999. Allí participaron 1000 atletas, de 18 países en cuatro disciplinas deportivas: atletismo, natación baloncesto en silla de ruedas y tenis de mesa. La importancia de este encuentro regional estriba en que los eventos deportivos eran clasificatorios para los Juegos Paralímpicos Sidney 2000.

Luego de los Juegos Paralímpicos Atlanta 96, Puerto Rico ha participado en todas las ediciones paralímpicas en una sola delegación a cargo del Comité Paralímpico de Puerto Rico. De igual manera las delegaciones a los juegos para-panamericanos desde México 1999 acuden bajo la sombrilla de COPAPUR.

En el año 2005 Néstor Alonso registró en el Departamento de Estado de Puerto Rico la "Federación de Goalbol de Puerto Rico (FGPR)" con el fin de retomar el deporte para ciegos. Fue admitida en el seno de COPAPUR y por primera vez en la historia, un equipo de golbol de Puerto Rico participa en unos campeonatos mundiales, los cuales se llevaron a cabo en el año 2007 en Sao Paulo, Brasil. Esta fue la única participación internacional de la FGPR.

Los campeonatos mundiales de golbol y judo de 2007 fueron avalados por la Federación Internacional de Deportistas Ciegos. En este evento estuvo representado también el judo boricua en manos de Luis J. Pérez, siendo ésta su primera aparición internacional.

Según Alonso, "en aquel momento la visión de la presidenta Iris Yolanda Irizarry era que COPAPUR se aglutinara por federaciones deportivas y eso lo motivó a crear la Federación de Golbol y obtuvo un asiento con voz y voto en este organismo. En 2011, Luis Pérez hace lo propio y registra en el Departamento de Estado de Puerto Rico la Federación Puertorriqueña de Judo para Ciegos cuyo propósito era promover la participación del deportista ciego en la práctica del judo paralímpico. Finalmente, estas dos organizaciones deportivas se integraron en 2013 dentro de la Federación Puertorriqueña de Deportistas Ciegos. Tanto Néstor Alonso como Luis J. Pérez, fueron miembros fundadores de FEPUDECI.

Aunque después del 2007 los atletas ciegos no participaron en eventos internacionales hasta el 2013, fecha en que surgió la federación Puertorriqueña de Deportistas Ciegos (FEPUDECI), Alonso recuerda que "gracias a la participación en el campeonato mundial, quedó en nosotros el entusiasmo y la motivación para seguir practicando "golbol".

Las exigencias competitivas a nivel internacional y la falta de apoyo local ha mermado la participación internacional de los para deportistas puertorriqueños. Puerto Rico ha participado con reducidas delegaciones en los últimos compromisos internacionales.

Propulsores del Movimiento Paralímpico de Puerto Rico

Como todo evento de trascendencia, siempre hay unas figuras inspiradoras que dieron forma a las ideas que sostiene ese movimiento. En esta sección quiero honrar a aquellas figuras claves puertorriqueñas que gracias a ellos hoy tenemos un movimiento deportivo paralímpico local.

Dr. Rafael Martínez Cayeres

El Dr. Rafael Martínez Cayere creía que la combinación del tratamiento médico con el deportivo era fundamental para el proceso de recuperación del paciente. Fue un hombre humilde con una gran calidad humana, era nuestro Guttmann puertorriqueño.

Dirigiendo una unidad en el Hospital de Veteranos, hizo del deporte su mejor medicina remediativa para los pacientes que llegaban de la guerra. Su vocación creció y se involucró en el deporte competitivo hasta convertirse en médico clasificador del tenis de mesa paralímpico a nivel internacional.

En una entrevista con James Torres, éste nos habló del Dr. Martínez Cayere: "para asistir a las reuniones internacionales en representación de Puerto Rico, se cubría todos los gastos para luego dar un servicio gratuito". Añadió Torres que "todo el mundo lo apreciaba, era muy respetado por su alto compromiso y su gran conocimiento".

"Era tan dedicado al deporte, que en ocasiones ponía su oficina privada a la disposición de los atletas y no cobraba por sus servicios", dijo Torres. El Dr. Martínez Cayere fue miembro fundador del Comité Paralímpico de Puerto Rico y fungió como Vice Presidente durante los años 1997 al 2000.

James Torres

Cuando se habla de los propulsores del movimiento paralímpico en Puerto Rico indudablemente el nombre de James Torres llega a la memoria. Y es que es quizás la persona que más tiempo en su vida le ha dedicado en todas las facetas al para deporte. Fue exaltado al salón del deporte en el Municipio de Caguas, Puerto Rico donde se muestra una placa en su honor.

"Desde niño hacía deporte de tenis y baloncesto", admite Torres quien cuando joven participó a finales de los años 60 como soldado en la violenta guerra de Vietnam. "Pisé una mina y explotó. También me dispararon en la otra pierna", recuerda amargamente James.

Estuvo recluido en el Hospital de Veteranos y recuerda cuando un día su terapista le preguntó si hacía deportes. "Pues vamos a hacerlo de otra manera, desde una silla de ruedas" le dijeron cuando admitió que hacía deportes.

"Empecé con tenis de mesa y le ganaba a casi todos", recordó. También practicó atletismo en la modalidad de lanzamiento de disco, pesa y jabalina y baloncesto en silla de ruedas. Empezó compitiendo en el Hospital de Veteranos y luego la Administración de Rehabilitación Vocacional llevaba a cabo competencias deportivas entre sus centros, donde James comenzó a destacarse.

Ingresó a la Asociación Deportiva en Silla de Ruedas (ADESIRU) donde practicó los deportes mencionados anteriormente. Pero le gustaba el tenis de mesa.

En 1988 fue su primera aparición en unos juegos paralímpicos.

"Fue una experiencia muy gratificante y tengo todavía unos hermosos recuerdos", dijo entusiasmado James. Y es que fue el atleta abanderado de la primera delegación que sale a representar a Puerto Rico en tan alto nivel. Dijo que "es un orgullo ser seleccionado el abanderado, pues uno reconoce que allí habían muy buenos deportistas. Fue una gran confianza que depositaron en mi persona".

Al preguntarle qué fue lo más que le impresionó de los juegos dice que recuerda con gran emoción la participación de su compañera Isabel Bustamante al conquistar sus tres medallas en el magno evento. "Escuchar el himno de tu país en tierras tan lejanas le estremece el alma a cualquiera y después de la premiación, las entrevistas que le hicieron los medios internacionales a Isabel, la acogida de la gente, se querían retratar con ella... realmente fue un momento histórico que aquí en Puerto Rico no han sabido valorar", expresó Torres.

En 1992 acude por segunda ocasión a unos juegos paralímpicos en la misma disciplina deportiva. Esta vez, Puerto Rico no sube al podio aunque considera que el equipo hizo una buena demostración en sus apariciones.

En 1994 es co-fundador del Comité Paralímpico de Puerto Rico y asume el cargo de tesorero en el cuerpo directivo. Se mantiene activo en el deporte y acude por tercera ocasión a unos juegos paralímpicos en 1996 en Atlanta, Georgia, esta vez en la disciplina de atletismo haciendo el lanzamiento de la bala, el disco y la jabalina.

James acude por cuarta ocasión a unos juegos paralímpicos en el año 2000, esta vez en calidad de entrenador de atletismo. De este modo, James pone sus conocimientos al servicio de los para deportistas. En esta ocasión, Puerto Rico sube al podio a recibir la medalla de bronce ganada por Alexis Pizarro.

James continúa activo en la dirección del Comité Paralímpico de Puerto Rico. En al año 2009 asume la presidencia de COPAPUR sucediendo a Iris Yolanda Irizarry, quien falleció ese año. Continuó trabajando en la reestructuración de COPAPUR y en el año 2012 lidera la delegación paralímpica de Puerto Rico a los juegos paralímpicos en Londres.

En el año 2016 acude por sexta ocasión a unos juegos paralímpicos al frente de la delegación boricua en

Río de Janeiro, Brasil. Ese año se celebra las elecciones en COPAPUR y James decide no postularse. En esa fecha, fui electo Presidente por segunda vez y nombré a James Torres como Director Técnico. Aquejado por problemas de salud, James presentó su dimisión al cargo en noviembre de 2019.

Luis Vigo García

Luis Vigo García ha merecido un sitial en el salón de los inmortales del deporte del Municipio autónomo de Carolina, Puerto Rico el 27 de mayo de 2001 por su ejecutoria y contribución al deporte. Fue un atleta puertorriqueño que en sus años de estudiante universitario representó a finales de la década del 70 a la Universidad del Sagrado Corazón y luego a la Universidad del Turabo en el evento de 400 metros.

"Estuve en los Juegos Panamericanos de 1979 celebrados en San Juan como el quinto corredor para el relevo 4X400. Aunque no llegué a correrlo, estuve en la Villa Panamericana y fue una gran experiencia compartir con personas de todos los países de América", recordó Vigo aquel momento de sus años de atletas.

Culminó un grado universitario como maestro de educación física y comenzó a trabajar en el Departamento de Educación en el año 1982. Dijo que "en aquel momento Olimpiadas Especiales se atendía desde el Departamento de Educación, pero no tenían la preparación en esa dirección. Así que nos mandaron a tomar unos cursos que nos certificaban en educación física especial, luego le cambiaron el nombre a educación física adaptada".

Trabajando con Olimpiadas Especiales vio muchos jóvenes que tenían un alto rendimiento en el deporte que por no brindársele la oportunidad, no se desarrollaban a su máximo nivel. Entonces escuchó hablar que había una organización internacional que hacía deporte de alto rendimiento para las personas diagnosticadas con discapacidad intelectual.

Hizo acercamiento a la Federación Internacional de Deportes para discapacitados Intelectuales (International Association for Impaired Disability, INAS-FID) y junto a un grupo de personas inscribió en el Departamento de Estado de Puerto Rico la Federación de Atletismo Nacional Adaptada (FANA) en 1992, la cual fue admitida como miembro en INAS-FID.

Recuerda Vigo que ese año, aun cuando se celebraban los juegos paralímpicos en Barcelona, no aceptaron a los atletas de INAS-FID y ellos hicieron su evento internacional en Madrid, España.

En 1994 es invitado por Fernando Batista a formar parte del comité constitutivo de COPAPUR para que representara a la discapacidad intelectual. En 1996 participa oficialmente en unas paralimpiadas en calidad de entrenador de los para deportistas en silla de ruedas.

En 1999 participó en los Primeros Juegos Para panamericanos en la ciudad de México con la delegación de Puerto Rico a cargo de los atletas diagnosticados con discapacidad intelectual. Sus atletas conquistaron 2 medallas de oro, 1 de plata y 2 de bronce del total de 11 medallas que consiguió Puerto Rico.

Acude a dos paralimpiadas más: en el año 2000 va a cargo del equipo de entrenadores de la delegación de Puerto Rico a Sidney, Australia y ejerce la misma función en el año 2012 en los juegos paralímpicos de Londres. En el año 2016 fue electo como Vicepresidente del Comité Paralímpico de Puerto Rico.

Entiende que uno de los procesos que afecta la participación de los para deportistas diagnosticados con discapacidad intelectual en los eventos internacionales, es el proceso de clasificación funcional llevado a cabo por INAS.

Myriam Santiago, David Acevedo y Rodrigo (Papo) Carrera

Myriam Santiago, David Acevedo y Rodrigo (Papo) Carrera fueron tres figuras claves en el desarrollo del deporte para ciegos en Puerto Rico pues sentaron las bases donde se enclavó la primera organización deportiva para ciegos. Carrera dirigía el Banco de Ojos del Club de Leones de Puerto Rico, Miriam era maestra de educación física adaptada que trabajaba en una institución para ciegos y David, era el esposo de Myriam, quien la apoyaba y se involucró con ella para servir voluntariamente a los deportistas ciegos.

Myriam trabajaba en el Instituto Loaiza Cordero para niños Ciegos cuando en 1989 utilizó el deporte para desarrollar las destrezas y habilidades de los niños. "Era muy efectivo para facilitar la movilidad, la independencia y la disciplina", dijo Miriam Santiago para expresar las bondades del deporte.

En 1989, Rodrigo Carreras estuvo en el Departamento de Recreación y Deportes para coordinar actividades con ellos y se enteró de las actividades competitivas de las personas ciegas. Entonces visitó al Instituto Loaiza Cordero donde le solicitó a Myriam que entrenara a los niños para competir.

Ese año se celebraba en Venezuela los Juegos Latinoamericanos para Ciegos y Myriam le pidió a su esposo David que cuidara sus niños pues ella iría a Venezuela con una delegación deportiva. Por su parte Rodrigo Carrera solicitaba a IBSA que le dieran el aval para representar al deporte para ciegos en nuestro país.

Myriam recuerda que le acompañaron a Venezuela atletas como Pedro Alvarado, Edwin Martínez e Iván Nieto. También le acompañó una joven de nombre Mariam pero no recuerda el apellido. Participaron en eventos de natación, atletismo y golbol y consiguieron nueve medallas para la isla.

Al llegar a Puerto Rico, David le dijo que ayudaría a entrenar a los atletas. En ese proceso, David se fue involucrando hasta convertir al deporte para ciegos en parte de su pasión. Tomaron cursos de arbitraje de golbol y mientras Myriam entrenaba a los atletas, David fungía como árbitro. Visitaban las diferentes regiones de Puerto Rico para ofrecer adiestramientos.

Coordinaban con el Departamento de Recreación y Deportes para que ayudaran a formar equipos en sus regiones. Su amor por el deporte fue de tal magnitud que se involucraron en ayudar a los países vecinos en el proceso de desarrollo deportivo. Visitaban constantemente la República Dominicana donde ofrecían charlas de arbitraje de golbol. Hicieron lo propio en la República de El Salvador.

Luego que se creó la Puerto Rico Blind Sport Association (PRIBSA) en 1994 continúan ofreciendo servicios voluntarios a esta nueva organización, que como hemos dicho previamente, es dirigida por personas ciegas, tal y como postulaba IBSA en aquel momento.

En reconocimiento a la labor realizada por ellos, el Comité Paralímpico de Puerto Rico solicitó y obtuvo de la Cámara de Representantes de Puerto Rico una moción para resaltar y recordar su labor. El quinto párrafo de la resolución lee "…resulta meritorio resaltar la loable gestión y aportación que han hecho a nuestra sociedad el señor David Acevedo Rivera (qepd), la Sra. Myriam Santiago González y el señor Rodrigo (Papo) Carrera. Su gran labor y compromiso con los atletas ciegos en Puerto Rico ha sido un legado que ha perdurado por más de 20 años logrando impactar la vida de muchos puertorriqueños…"

CAPÍTULO CUATRO
PUERTO RICO EN EL PODIO

Aquí se hace una comparación del medallero olímpico versus el paralímpico y se presenta a Isabel Bustamante, la primera mujer en obtener medalla de oro ya sea en unos juegos olímpicos o paralímpicos. Conozca la historia como es, no como nos la cuentan

Medallero olímpico versus medallero paralímpico

A continuación haré un recorrido por la historia del deporte de alto rendimiento en Puerto Rico como verdaderamente es y no como nos la cuentan. Para esto, es necesario valerse de los datos que encontramos en los documentos oficiales de resultados históricos del CPI (IPC Historical Results Archieve). Compartiré con ustedes los datos que nos ocultan probablemente debido a los prejuicios sociales. Afortunadamente y gracias al alcance de la tecnología, el deporte paralímpico hoy es más visible ante el mundo.

Al presentar los datos históricos del medallero boricua, los dividiré en dos períodos. El primero, de 1948 (año en que Puerto Rico participó por primera vez en los juegos olímpicos en Londres, Inglaterra) hasta el 1984. El segundo comienza en el 1988, año en que Puerto Rico participó por primera vez en unas paralimpiadas hasta el presente.

Total medallas olímpicas 1948-1984

Lugar y Año	oro	plata	bronce
Londres, 1948			1
Helsinki, 1952			
Melbourne, 1956			
Roma, 1960			
Tokio, 1964			
México, 1968			
Munich, 1972			
Montreal, 1976			1
Moscú, 1982			
Los Ángeles, 1984		1	1
Total medallas	0	1	3

En el primer periodo participa solo el Comité Olímpico de Puerto Rico (COPUR) y en el segundo período además de COPUR participa el Comité Paralímpico de Puerto Rico (COPAPUR).

En términos generales, es boxeo el deporte que domina el medallero boricua al conquistar seis de las nueve medallas obtenidas por el COPUR. De igual manera, el COPUR consiguió cuatro de las nueve medallas en el primer periodo entre el 1948 y 1984. En COPAPUR, cinco de las seis medallas conquistadas son en atletismo.

Otro dato relevante es que de 1988 al presente, COPAPUR cuenta con las seis medallas conquistadas mientras que en el mismo periodo el COPUR ha conseguido cinco. El COPAPUR ha logrado sus medallas en cuatro ediciones paralímpicas (Seúl 88, Sidney 2000, Atenas 2004 y Beijing 2008). Las nueve medallas conquistadas por el COPUR fueron en siete ediciones: Londres 48, Montreal 76, Los Ángeles 84 Barcelona 92, Atlanta 96, Londres 2012 y Río 2016.

Total medallas olímpicas y paralímpicas 1988-2016

Lugar y año	Olimpicos	Paralímpicos
Seúl, 1988		1 oro, 2 plata
Barcelona, 1992	1 bronce	
Atlanta, 1996	1 bronce	
Sidney, 2000		1 bronce
Atenas, 2004		1 bronce
Beijing, 2008		1 bronce
Londres, 2012	1 plata, 1 bronce	
Río, 2016	1 oro	
Total medallas	5	6

En el primer período (48-84) Juan Evangelista Venegas arrancó en la misma primera edición puertorriqueña en Londres al conquistar medalla de bronce en los 54 kg.

La segunda medalla de Puerto Rico llegó en Montreal, Canadá en el año 1976 cuando Orlando Maldonado conquistó medalla de bronce en los 48 kg. La tercera y cuarta medalla se consiguieron en los juegos olímpicos en Los Ángeles en 1984 cuando Luis Francisco Ortiz logra la primera medalla de plata para la isla en los 60 kg, mientras que Aristides González sube al podio para recibir la medalla de bronce que ganó en los 75 kg..

De 1948 a 1984 se habían logrado cuatro medallas: una de plata y tres de bronce todas en boxeo.

En 1988 se inicia una nueva época para el deporte puertorriqueño en Seúl, Corea del Sur. Es la primera vez que Puerto Rico participa con dos delegaciones, una en los juegos olímpicos y la otra en los juegos paralímpicos.

Como hemos dicho previamente, es la primera ocasión también en que los juegos paralímpicos se dan en el mismo escenario que los juegos olímpicos.

Cabe resaltar que para que los juegos paralímpicos se dieran en el mismo escenario que los juegos olímpicos, la decisión estuvo repleta de controversias.

En el año 1992 se llevó a cabo el Primer Congreso Paralímpico en Barcelona, España donde entre otros deponentes Il-Moo Cho, Secretario General del Comité Organizador Seúl 88 revela en su ponencia las dificultades que tuvo Corea del Sur para presentar los juegos olímpicos y paralímpicos el mismo año y en los mismos escenarios.

Aunque el Comité Olímpico Internacional otorgó la sede de los juegos a Seúl en 1981, no fue hasta 1985 que el Comité Organizador de los juegos firmó el acuerdo con los presidentes de las cuatro federaciones internacionales de deportes para las personas diagnosticadas con discapacidad quienes a su vez constituían el Comité Coordinador Internacional (CCI).

Los principales argumentos que esgrimían los detractores de realizar el evento en el mismo año y sede era el alto costo económico para Seúl. Otro argumento era la falta de accesos y la insuficiencia de instalaciones deportivas para personas con discapacidad.

Plantea Il-Moo Cho en su presentación que uno de los primeros problemas que tuvo que enfrentar fue el marcado prejuicio de los oficiales gubernamentales y del público en general en contra de las personas con discapacidad. En su gestión inicial encontró "que el país no estaba preparado para un acontecimiento deportivo cuyos protagonistas serían las personas discapacitadas".

Para contrarrestar el impacto se lanzó una intensa campaña de relaciones públicas para hacer que la gente comprendiera la importancia que la paralimpiada significaba para el país. Formaron un cuerpo de voluntarios de 500 personas y se les brindó adiestramiento e hicieron prácticas con las personas discapacitadas del país.

Convencieron al gobierno para que prepare una villa accesible y al final de los juegos la entregaron a las personas con discapacidad del país, siendo ésta la primera estructura accesible construida por el gobierno. La misma fue un importante legado para la sociedad.

Concluye Il-Moo Cho que el éxito de los juegos paralímpicos ha contribuido enormemente al desarrollo del para deporte, que provocó grandes cambios en la política de asistencia social en Corea del Sur. Además, pasados los juegos se incrementó significativamente la participación deportiva de los deportistas con discapacidad.

Y ese año, por primera vez en la historia, suena la borinqueña cuando Isabel Bustamante sube al podio para recibir la primera medalla de oro que conquista Puerto Rico. Pero Isabel aportaría al medallero otras dos de plata. En dicha edición, el COPUR no sube al podio.

En el año1992 en Barcelona, España, es COPA-PUR quien no sube al podio pero Aníbal Acevedo, representando al deporte del boxeo conquista la única medalla para Puerto Rico. Daniel Santos hace lo propio en los Juegos Olímpicos de Atlanta 96. COPA-PUR vuelve a subir al podio en las ediciones de Sidney 2000, Atenas 2004 con Alexis Pizarro en atletismo y Beijing 2008 cuando Nilda Gómez logra bronce en tiro. En estas tres ediciones, el COPUR no visita el podio.

En los Juegos Olímpicos Londres 2012, Jaime Espinal conquista medalla de plata en lucha olímpica y Javier Culson alcanzó medalla de bronce en los 400 metros con valla y en Río 2016, el himno de Puerto Rico suena por segunda vez desde 1988, cuando Mónica Puig conquistó medalla de oro en los Juegos Olímpicos Rio 2016. Como dato curioso, es COPA-PUR quien no sube al podio en estas dos ediciones.

En resumen, podemos destacar los siguientes datos: Desde 1948 al presente el COPUR ha conquistado nueve medallas para Puerto Rico, de las cuales 1 es de oro, 2 de plata y 6 de bronce. El COPAPUR ha conquistado seis medallas desde 1988 cuando se presentó por primera vez, siendo una de oro, dos de plata y tres de bronce.

Si agrupamos los datos, podemos concluir que en la nueva etapa olímpica-paralímpica, Puerto Rico ha subido al podio en 15 ocasiones para recibir dos medallas de oro, cuatro de plata y nueve de bronce.

Otro dato relevante es que en las ediciones que el COPUR conquista medalla, los atletas paralímpicos no, mientras que en las ediciones donde COPAPUR obtiene medallas los atletas olímpicos no han logrado. Hasta el presente en ninguna edición de los juegos olímpicos-paralímpicos han coincidido en conquistar medallas ambos grupos. Sin embargo, cabe destacar que desde 1988 al presente, entre ambos grupos se ha conquistado medallas en todas las ediciones de los juegos olímpicos-paralímpicos.

Nuestros Medallistas Paralímpicos

Isabel Bustamante

Aun cuando el archivo histórico de resultados del Comité Paralímpico Internacional testifica en sus páginas los logros obtenidos por Isabel Bustamante en los VIII Juegos Paralímpicos, la historia local no ha sido justa con esta para deportista boricua.

Y es que ella fue la primera puertorriqueña, sin importar el género, en alcanzar el más alto galardón en unos juegos ya sea olímpicos o paralímpicos. De hecho, todavía mantiene el record boricua en ser la única persona en lograr tres medallas, una de oro y dos de plata en unos juegos olímpicos o paralímpicos.

En Puerto Rico se mantiene una controversia de quien fue la primera persona en lograr una medalla de oro en unos juegos olímpicos entre Yiyi Fernández (boricua que ganó medalla de oro para el equipo de Estados Unidos) o Mónica Puig, nuestra mimada de Río 2016.

Pues bien, los datos ofrecidos aquí de Isabel Bustamante debe acabar la controversia. Esta es una llamada a la prensa de nuestro país, quien tiene la responsabilidad de llevar la verdad sustentada por los datos. La aseveración anterior debe finalizar la discusión en

Puerto Rico de quien fue la primera persona en lograr medalla de oro en un evento de tan alta calidad deportiva.

La Borinqueña, himno nacional de Puerto Rico, sonó en tierras coreanas al Isabel Bustamante lograr medalla de oro con un lance d 4.80 metros, seguida por Isabel Barr de Gran Bretaña con 4.26 para obtener la medalla de plata y la medalla de bronce fue conquistada por Ninette Wilson de Jamaica.

Estas competidoras volverían a intercambiarse en el medallero del lance de la jabalina. Esta vez, la medalla de oro le correspondió a la jamaiquina Ninette Wilson al lanzar 9.30 metros, seguida por Isabel Bustamante para conquistar la medalla de plata con un lance de 8.82 y la medalla de bronce recayó en Isabel Barr con un lance de 8.76.

De nuevo las tres competidoras se reparten las medallas en el tiro del disco. Esta vez, Isabel Barr de Gran Bretaña se quedó con la medalla de oro al alcanzar un lance de 10.48 metros, seguida por la Boricua que conquista otra medalla de plata con un tiro de 9.22 metros y Ninete Wilson lanza 8.18 metros para quedarse con el bronce.

Los VIII Juegos Paralímpicos se celebraron del 16 al 25 de octubre de 1988 en Seúl, Corea del Sur. Participaron 60 países, 3,041 atletas en 18 deportes. Al Puerto Rico obtener una medalla de oro y dos de plata, quedó en la posición número 36 del medallero mundial. Cabe destacar que estos fueron los primeros juegos paralímpicos en celebrarse en la misma cede de los juegos olímpicos.

Puerto Rico llevó una delegación de 13 atletas, 12 hombres y una mujer. La medalla de oro ganada por Isabel Bustamante fue en el lance de pesa Participó en la categoría 1B y participaron seis mujeres de cinco países.

Alexis Pizarro

Alexis es el primer atleta paralímpico que logra medallas en dos paralimpiadas diferentes. Así, al inicio del nuevo siglo en Sidney, Australia, visita el podio para recibir la medalla de bronce en el lance de la bala, categoría F57.

En su evento participaron 12 atletas representante de 12 naciones. La medalla de oro recayó en manos de Michael Louwrens de Sur Africa con un tiro de 12.81; seguido por el italiano Murizio Nalin con 12.16 m para adjudicarse la plata y el bronce recayó en Alexis Pizarro con un lanzamiento que alcanzó 11.72 m.

Alexis participó también en el evento del lanzamiento de la jabalina ocupando el cuarto lugar con un lance de 36.35 metros y en el evento del disco alcanzó el 6to. Lugar al lanzar 39.61 m.

Los XI Juegos Paralímpicos se celebraron en Sidney, Australia del 23 al 31 de octubre de 2000. Participaron 3,878 atletas de 123 países en 19 disciplinas deportivas.

Alexis regresa cuatro años más tarde a los juegos paralímpicos celebrados en Atenas, Grecia. Esta vez fue reclasificado a la categoría F58.

Alexis visita una vez más el podio para recibir la medalla de bronce que conquistó al alcanzar 46.0 m en el lance de la jabalina. Fue superado por el nigeriano Silver C. Ezeikpe quien se agenció del oro al lanzar 50.72 m y por el egipcio Mahmoud Elatar quien se quedó con la plata al tirar 49.14 m.

Alexis obtuvo el cuarto lugar en el lanzamiento del disco al tirar 51.80 m y el 5to. Lugar en el lance de la bala alcanzando 13.70 metros.

Los XII Juegos Paralímpicos fueron realizados del 25 de septiembre al 4 de octubre en Atenas, Grecia.

Participaron 3804 atletas de 135 países en 19 disciplinas deportivas.

Nilda Gómez López

Nilda Gómez López es la tercera persona de Puerto Rico que sube al podio en unos juegos paralímpicos. Lo hizo durante la celebración de los XIII Juegos Paralímpicos celebrados en Beijing, China del 6 al 17 de septiembre de 2008. En este escenario se presentaron 3997 para atletas representando a 146 países. El tiro paralímpico fue uno de los 20 deportes en los que se compitieron en estos juegos.

Uno de los deportes en que Puerto Rico ha sido más consistente en las paralimpiadas es tiro, pues se ha presentado desde 1992 en todas las ediciones paralimpiadas hasta el 2008. Nilda compitió en el evento "Woman Air Rifle Standing Sh 1, 10 metros" donde se midieron 20 paradeportistas de 15 países.

Nilda culminó la competencia regular en la 5ta. posición y alcanzó el 3er. lugar en la tabla final para conquistar la medalla de bronce. La Eslovaca Verónika Vadovicoba hizo sonar el himno de su país al conquistar medalla de oro seguida por la alemana Manuela Schmermund que alcanzó la medalla de plata.

Puerto Rico en los Juegos Parapanamericanos

Aunque Puerto Rico ha participado en todas las ediciones de los Juegos parapanamericanos desde 1999, no encontramos un documento oficial como evidencia de cuáles deportistas boricuas han subido al podio para recoger medallas obtenidas como resultado de su participación en los eventos.

En una publicación de Wikipedia titulado: "Medallero Parapanamericano, cuadro de medallas 1999-2009", destaca la participación de 24 países en los juegos durante ese periodo. Puerto Rico ocupa la posición número 12 con un total de 23 medallas ganadas. Las mismas se distribuyen en 9 de oro, 6 de plata y ocho de bronce. Cabe destacar que el artículo no divide la cantidad de medallas por juego, por lo que no podemos precisar cuántas medallas ha ganado Puerto Rico en cada uno de los juegos parapanamericanos previo a Toronto 2015.

Entre Toronto 2015 y Lima 2019, Puerto Rico conquistó 5 medallas; 2 de bronce en Toronto y 3 de plata en Lima. Entonces, las restantes 18 se distribuyen entre las 4 ediciones parapanamericanas que comprenden los años 1999 al 2011, inclusive.

Asistí a los I juegos parapanamericanos en calidad de Presidente de COPAPUR y recuerdo haber llevado tres delegaciones por medio de sus respectivas federaciones nacionales: una de deportistas ciegos, deportistas discapacitados intelectuales y discapacitados físicos. Las tres delegaciones conquistaron medallas pero no puedo precisar quienes ni en qué eventos. Recuerdo que se participó en atletismo, baloncesto en silla de ruedas, tenis de cancha (se dio como exhibición, pues no estaba en el programa) y golbol.

En esta sección, me limitaré a presentar un recuento de los resultados obtenidos en los juegos parapanamericanos de Río 2007, Toronto 2015 y Lima 2019. Queda pendiente indagar sobre las medallas parapanamericanas de Puerto Rico en México 1999, Mar del Plata 2003 y Guadalajara 2011.

La tercera edición de los juegos parapanamericanos Río 2007 fue a su vez los primeros juegos que se escenificaron en la misma ciudad y cedes que los juegos panamericanos. El evento se llevó a cabo entre el 12 y 19 de agosto. Participaron 25 países que llevaron a 1,115 atletas en 10 deportes. Según la página oficial del Comité Paralímpico de América se utilizaron 5,000 voluntarios, se establecieron 73 récords parapanamericanos y se rompieron 26 récords mundiales.

En entrevista con Dilka Benítez quien actuó como fotoperiodista para los juegos parapanamericanos Río 2007, informó que publicó un artículo en aquella época que evidencia la participación de Puerto Rico en los juegos y los resultados obtenidos.

Según Benítez, la isla participó con 21 deportistas en los deportes de tenis de mesa, tenis de cancha (femenino y masculino), baloncesto en silla de ruedas, judo, powerlifting y atletismo en la modalidad de lanzamiento de bala, jabalina y disco.

Efraín Ortiz (F 54) conquistó medalla de bronce en el lance de la jabalina mientras que Alexis Pizarro (categoría F 58) conquistó medalla de oro en el lanzamiento de la bala, plata en jabalina y bronce en disco.

Alexis se convirtió en ser el deportista paralímpico boricua que más medallas ha conquistado en una sola edición parapanamericana y el único que ha conquistado medallas en dos ediciones diferentes de los juegos paralímpicos, habiendo logrado esta hazaña en Sidney 2000 y Atenas 2004.

Los V juegos parapanamericanos se efectuaron en Toronto, Canadá del 7 al 15 de agosto 2015. Participaron 1,600 para-deportistas de 28 países en 15 deportes. Acudí a los juegos en calidad de jefe de misión con una delegación de 25 deportistas, 13 miembros del equipo técnico y 3 personal administrativo para un total de 41 personas. Se participó en ocho deportes: atletismo, baloncesto en silla de ruedas, golbol, judo, natación, tenis de mesa, tenis de cancha y tiro con arco.

En esta edición se consiguieron dos medallas de bronce, una en manos de Luis Jabdiel Pérez Díaz, judoka en -66 kg y la otra de Darvin Báez Eliza en 50 m libre en la para-natación. Toronto preparó un gran espectáculo deportivo y la reacción de los atletas y el público en general fue muy buena.

La VI juegos parapanamericanos se efectuaron en la ciudad de Lima, Perú durante los días 23 de agosto al 1 de septiembre de 2019. Participaron 1,890 deportistas de 30 países en 17 deportes. Tuvo el atractivo que eran clasificatorios para los juegos paralímpicos Tokio 2020.

Puerto Rico participó con una delegación integrada por 39 personas y se participó en seis deportes: atletismo, baloncesto en silla de ruedas, judo, natación, tenis de mesa y tiro. En esta ocasión se conquistó tres medallas de plata, superando la actuación de Toronto 2015. Los medallistas fueron Luis Pérez en -66 kg judo; Darvin Báez Eliza en los 100 metros pecho en natación paralímpica y en atletismo hizo lo propio Carmelo Rivera Fuentes en 1,500 metros.

Como dato, quiero resaltar la actuación de Luis Jabdiel Pérez Díaz y Darvin Báez Eliza, ambos fueron medallistas de bronce en Toronto 2015 y medallista de Plata en Lima 2019, lo que los convierte en los principales medallistas parapanamericanos boricuas al conquistar medallas en dos ediciones diferentes.

El ambiente que se trabajó en Puerto Rico para Lima 2019 fue uno de educación a la comunidad a través de la promoción. Nombré a Vivian Rivera como Directora de Comunicaciones y ella comenzó a trabajar en los medios logrando que una emisora radial, WQBS (11Q) se promocionara como la emisora oficial del Comité Paralímpico de Puerto Rico. Todos los días entrevistaba a los para-deportistas y desde Lima ofrecíamos cápsulas en vivo diariamente.

Toyota fue nuestro auspiciador principal y publicó en Puerto Rico expresiones de felicitaciones a nuestros atletas cuando conquistaban medallas. La prensa escribió artículos deportivos recalcando la participación de Puerto Rico. Al llegar a Puerto Rico, el Senado de Puerto Rico hizo un homenaje a la delegación tanto olímpica como paralímpica.

La Fundación Retinitis Pigmentosa que dirige la Lcda. Santa Nieves recibió a la delegación boricua con una cena especial. Y Toyota de Puerto Rico hizo un almuerzo donde los invitados especiales fueron Luis J. Pérez y Darvin Báez con todos los empleados de su oficina central. Nuestros atletas se tomaron fotos y compartieron con dicho equipo de trabajo.

Como resultado de la campaña promocional, muchas personas se interesaron por inmiscuirse en los asuntos paralímpicos. Estábamos dando a conocer mejor al movimiento paralímpico en Puerto Rico y el impacto fue muy bueno para el movimiento local.

Los medallistas paralímpicos de Lima 2019 reconocen el valor que significa para ellos el haber entrado a los escenarios competitivos en representación de su patria. Los tres analizan las enseñanzas recibidas dentro del movimiento paralímpico, las experiencias internacionales y cómo la sociedad los visualiza.

Luis Pérez dice que el deporte le ha enseñado disciplina, a establecer los horarios de entrenamientos y cumplir con ellos. Pero también le ha enseñado cultura al interrelacionarse con otros países y conocer su cultura y costumbres. Le permite comparar nuestra realidad con otros países y ver qué cosas podemos mejorar y qué podemos aportar a otras culturas. Luis dice que la gente lo mira desde otra perspectiva cuando sabe que es ciego y que practica deporte de alto rendimiento.

Para Carmelo Rivera, el deporte le ha ayudado a superarse en la vida y a vencer obstáculo. Recuerda que en la escuela se le hacía muy difícil aprender, era hiperactivo y se distraía con facilidad. En sus propias palabras "el deporte me enseñó disciplina y a plantearme objetivos y trabajar duro hasta lograrlos".

Siente que la gente lo respeta y reconoce su gran esfuerzo. Entiende que su discapacidad le ha abierto puertas para triunfar en la vida.

Darvin Báez Eliza dice que el deporte le beneficia pues ha aprendido la importancia de mantener una disciplina para mantenerse en la meta que se propone. Admite que "los valores como la responsabilidad, el respeto y la empatía han marcado mucho mi vida". En el aspecto social siente que la gente apoya y admira el trabajo que está haciendo como deportista.

Expresiones finales

Nuestros atletas llevaban un buen ritmo hacia Tokio 2020 cuando el mundo fue sorprendido por la invasión del coronavirus. Un ataque invisible a la humanidad que nadie hubiese sospechado. El mundo se detuvo, se paralizaron los entrenamientos, los eventos deportivos, se detuvo la economía. El mandato de las autoridades era que todo ciudadano debe permanecer en sus hogares. Se cerraron los cines, los parques, restaurantes, miles de muertos, los hospitales no daban a vasto. No se encontraba la cura y la única forma de intentar detener al virus era aislándonos en nuestros hogares.

De esta manera, nos anuncian que los Juegos Paralímpicos Tokio 2020 se posponen para el año 2021. Solo la Segunda Guerra Mundial había detenido los juegos olímpicos de 1940 y 1944. Esta vez, el coronavirus nos amenaza peligrosamente.

El ritmo acelerado que estaba tomando el movimiento paralímpico en Puerto Rico, hace una pausa. El mundo no se verá nuevamente como antes de esta pandemia. Habrá un nuevo cristal para ver el accionar de las sociedades del planeta. Pero indiscutiblemente, el movimiento paralímpico seguirá siendo el ente motivador para demostrar que no importan las barreras que encontremos, pues lo importante es la actitud que desarrollemos frente a ellas para sobrepasarla.

Hoy COPAPUR toma un rol de mayor importancia en nuestra sociedad. Nuestros atletas paralímpicos seguirán siendo fuentes de inspiración a nuestro pueblo. Nuestros para-deportistas quieren enseñar al mundo lo mejor de Puerto Rico.

CAPÍTULO CINCO
ESTRUCTURA
ADMINISTRATIVA

Conozca la estructura administrativa de los comités paralímpicos internacional y nacional. Se reconoce el valor del trabajo del voluntariado

El Comité Paralímpico Internacional

El IPC como organismo rector del movimiento paralímpico fue fundado el 22 de septiembre de 1989 como una organización sin fines de lucro. La sede está localizada en Bonn, Alemania. Son miembros del IPC más de 160 comités paralímpicos nacionales de los cinco continentes del mundo, siendo Puerto Rico uno de ellos. Además lo integran cuatro organizaciones regionales y cuatro federaciones de deportistas rectoras del deporte de las diferentes discapacidades que representan y cerca de 15 federaciones deportivas internacionales.

Todas las organizaciones miembros están representadas en la Asamblea General como organismo decisorio supremo del IPC. Además el IPC está compuesto por una Junta Directiva, un equipo administrativo y de Gerencia en Bonn y varios comités permanentes. El IPC ejecuta y lleva la dirección del movimiento paralímpico para asegurar que los derechos constitucionales como se indica en el Manual del IPC se llevan a cabo adecuadamente. Esto incluye la supervisión de la organización de los juegos paralímpicos de verano y de invierno, desarrollo de oportunidades de los atletas y la responsabilidad directa de varios deportes paralímpicos.

El movimiento paralímpico es una red global de organizaciones reunidas a través de su compromiso de brindar oportunidades deportivas para los atletas paralímpicos. Es decir, todos los atletas de base a la elite y la creencia de contribuir a un mundo mejor, con igualdad de oportunidades para todas las personas. El movimiento paralímpico está constituido alrededor de los valores fundamentales de coraje, determinación, inspiración e igualdad.

Esta filosofía común del movimiento paralímpico también forma parte de la visión del paralimpismo. Representa un mensaje fuerte y controlador para muchas iniciativas llevadas a cabo por sus diversos miembros. La membresía reúne diversas perspectivas y orígenes incluyendo los comités paralímpicos nacionales (CPN) que representan la visión nacional, el ángulo deportivo a través de las federaciones deportivas internacionales y la perspectiva regional a través de las organizaciones regionales.

Como vemos, el movimiento paralímpico se rige de manera rigurosa bajo el paragua del CPI para revisar y fortalecer sus estructuras e introducir más estándares técnicos y de gestión de deportes. El número de atletas participantes en los juegos paralímpicos de verano ha aumentado de 400 y 23 países en Roma en 1960 a 4,359 para deportistas y 160 países en Río 2016 siendo vistos por millones de espectadores a través de todo el mundo. Como la calidad de los juegos ha crecido, así también aumenta las expectativas y los costos.

Esas expectativas hacen que los países miembros cada día se preparen mejor para las competencias ofreciendo así un espectáculo deportivo de altura. En esa dirección COPAPUR aspira a presentar sus delegaciones de atletas para cada evento mejor preparadas, que puedan competir dignamente en los escenarios internacionales` y presentar en cada paralimpiada una delegación de deportistas con verdadera opción a subir al podio.

Comité Paralímpico de Puerto Rico

Se desprende del Registro de Corporaciones y Marcas del Departamento de Estado de Puerto Rico, que el día 25 de octubre de 1995 se enmendó los artículos I y II del Certificado de Incorporación número 9943 que creaba la Asociación Deportiva en Sillas de Ruedas de Puerto Rico (ADESIRU) con el propósito de registrar el cambio de nombre de organización a los fines de llamarla "Comité Paralímpico de Puerto Rico (COPAPUR)".

COPAPUR se rige por una asamblea general que elige democráticamente cada cuatro años a un Comité Ejecutivo compuesto por cuatro miembros: presidente, vice-presidente, secretario general y tesorero. El proceso eleccionario se hace mediante reglamentación según ordena el documento constitutivo y establece unos criterios mínimos para garantizar cuando comienza y finaliza el periodo eleccionario.

Marca el inicio eleccionario los juegos paralímpicos, pues COPAPUR establece que el proceso electoral comience no más tarde de treinta días después de haber finalizado los juegos y termina no más tarde de 60 días después de haber comenzado dicho proceso electivo. Es decir, que hay un máximo de tres meses después de finalizado los juegos paralímpicos, para culminar la elección del nuevo comité ejecutivo.

Presidentes del Comité Paralímpico de Puerto Rico

Nombre	Años
Fernando Batista	1995-1997
Dr. Germán Pérez Rodríguez	1997-2000
Dr. Rafael Martínez Cayere (interino)	2000-2001
Lcda. Iris Yolanda Irizarry	2001-2008
James Torres	2009-2016
Dr. Germán Pérez Rodríguez	2016 -

El propósito que se elija el comité ejecutivo inmediatamente después que finalice los juegos, es para evitar que un equipo de trabajo inicie un programa en ruta a los próximos juegos y a mitad de periodo tenga que abandonar los planes por cambio de junta. El periodo electoral garantiza que el equipo nuevo que entra trabaje el próximo ciclo paralímpico.

La asamblea general delega sus poderes en una Junta de Directores quienes dirigirán los trabajos de COPAPUR cuando no esté sesionando. A su vez, el Comité Ejecutivo delega en el Presidente para que actúe en representación de COPAPUR en general tanto en las reuniones como en cualquier asunto relacionado a la entidad.

COPAPUR es el representante exclusivo del movimiento paralímpico ante el Comité Paralímpico Internacional (CPI). La persona que ejercerá la representación de COPAPUR tanto nacional como internacionalmente será el presidente aunque podrá delegar tal representación en otra persona. Las federaciones miembros, no podrán comprometer a COPAPUR en la celebración de algún evento internacional a menos que medie previamente una autorización por escrito.

Es responsabilidad de COPAPUR atender todo evento auspiciado por el CPI siendo los de mayor prioridad los juegos parapanamericanos y los juegos paralímpicos. Colaborará con las federaciones miembros para que estas participen especialmente en los eventos deportivos clasificatorios a los juegos avalados por el IPC. Como organismo con personalidad jurídica, establece su misión, visión y objetivos que deberá estar en la misma dirección que los del CPI.

Cada federación deportiva que practica el deporte paralímpico, se hace representar en COPAPUR por un delegado que tiene derecho a voz y voto siempre que cumpla con los criterios de elegibilidad. Los atletas tienen representación pues cuentan con dos asientos en el pleno de COPAPUR.

El presidente dirige los trabajos de la asamblea general y los del comité ejecutivo y podrá delegar en otro miembro para que le sustituya. Para poner en marcha el plan de trabajo, el presidente podrá nombrar los comités de trabajo que entienda pertinente y será miembro ex oficio de todos los comités.

El Voluntariado en el Movimiento Paralímpico

El Comité Paralímpico de Puerto Rico es una organización sin fines de lucro que desarrolla su función con personal voluntario. Fue fundado en 1995 por lo que si sumamos la cantidad de horas ofrecidas por los voluntarios desde su fundación, resulta en un valor incalculable. Los logros obtenidos son gracias al personal voluntario que ha estado al frente por más de 25 años.

El recurso más valioso de una organización sin fines de lucro es el trabajador voluntario, pues llega a ella por una verdadera motivación personal de servir a otras personas. Para poder valorar la importancia del trabajo que realiza el voluntario en una organización, es importante conocer el significado del concepto.

En una revisión literaria, el Centro Territorial de Información Juvenil de la Diputación Floral de Vizcaya, España publicó un artículo titulado "Voluntariado, Echar una mano" (junio, 2006) en el que esboza las virtudes del trabajo voluntario.

Dice el artículo que el voluntario es quien ofrece, por elección propia, su tiempo, sus conocimientos y su experiencia para el desempeño gratuito de una labor solidaria, sin recibir ningún tipo de remuneración por ello. Tiene como propósito transformar la sociedad pues está convencido que su esfuerzo contribuye a la creación de un mundo mejor.

El artículo citado dice que la acción voluntaria es una manera de demostrar una intervención de la comunidad en la resolución de sus problemas en solidaridad organizada. Esto significa que la acción voluntaria expresa la responsabilidad e implicación de los ciudadanos en el desarrollo comunitario.

Las organizaciones sin fines de lucro ofrecen servicios necesarios a la comunidad que ni el gobierno ni la empresa privada brindan. A través de las asociaciones sin fines de lucro, se han buscado soluciones para las demandas sociales no cubiertas por la administración gubernamental y el mercado empresarial.

Antes de comprometerse con ofrecer sus servicios como voluntario, la persona debe hacer un autoexamen y considerar si puede cumplir los tres requisitos esenciales para ser voluntaria. Estos son:

Desear participar — aquí se expresa el deseo genuino de la persona en ofrecer sus servicios de manera voluntaria;

Disponer de tiempo — esto es conocer de antemano en que momento puede ofrecer los servicios. Si no goza de tiempo disponible, no podrá realizar la tarea asignada.

Cumplir con el compromiso que se adquiere — el éxito de la organización depende del cumplimiento de sus programas y objetivos. El voluntario debe comprender que cuando asume una responsabilidad, debe cumplirla a capacidad para la fecha acordada.

Como he dicho previamente, conocí a Rodrigo (Papo) Carrera en 1994 cuando dirigía el deporte para ciegos a través del Club de Leones de Puerto Rico. Recuerdo que era un hombre de carácter y muy disciplinado. Tomaba muy en serio sus responsabilidades aun cuando eran de carácter voluntario, es decir, no recibía remuneración económica por sus servicios.

Papo decía: "eres voluntario en una organización en la medida que no aceptas roles que desempeñar. Pero una vez aceptas una posición, no importa cual, tu voluntariedad se acaba pues tienes que actuar de acuerdo al rol que ocupas. Ya te riges por las descripciones del puesto y es tu responsabilidad cumplir las tareas asignadas en tu hoja de servicios".

Y esto fue una gran enseñanza para mí pues si aspiraba a presidir una organización, tenía que actuar como un Presidente. "No puedes dejar la responsabilidad para cumplirla más tarde o cruzarte de brazos esperando que otro la cumpla", era otro de sus consejos que todavía resuenan en mi mente.

Para Papo, el verdadero líder era el que obtenía resultados, el que desarrollaba la destreza de lograr que los miembros de la organización desempeñaran sus roles. Cuando alguien no cumple, el líder es el responsable. Y con él aprendí el famoso estribillo de "puedes delegar autoridad, pero nunca responsabilidad".

La importancia que conlleva entender el concepto "responsabilidad" estriba en que dejar de cumplirlas siempre tiene consecuencias. Y la primera es que le resta credibilidad como líder. Y aquí viene otra enseñanza de Papo Carrera: "las excusas solo satisface al que las da, nunca al que las escucha.". La mejor forma de no tener que dar excusas es cumplir con las tareas. Un líder que tiene credibilidad no necesita justificar mucho sus acciones, pues ellas hablan por sí solas.

Cuando se pierde credibilidad, siempre se pone en duda las acciones que se ejecutan.

Retos para la Organización frente al Servicio voluntario

Creo oportuno aprovechar para atener el tema de los riesgos que corre una organización cuando depende exclusivamente de los trabajadores voluntarios utilizando el ejemplo de la experiencia en el Comité Paralímpico de Puerto Rico (COPAPUR).

Ya he dicho que COPAPUR se fundó en el año 1995 como una organización sin fines pecuniarios. Como organismo rector del deporte de alto rendimiento para personas con discapacidad, tenemos un buen producto (deporte paralímpico) que gusta al público. Puerto Rico admira al para-deportista cuando lo ve competir pues reconoce el esfuerzo que hace un deportista para llegar a ese nivel. Además se convierte en un símbolo que inspira motivación para aquellos que se detienen ante el más mínimo obstáculo.

Surge entonces la siguiente pregunta: si COPAPUR tiene un buen producto para ofrecer a la sociedad, ¿por qué no hemos alcanzado una mayor matrícula, los aportes del gobierno y la empresa privada no han sido a la altura de la necesidad?

Creo que la respuesta está en reconocer los problemas de gobernanza organizacional que ha tenido COPAPUR desde su fundación y 25 años más tarde no hemos podido resolver. COPAPUR lo integran presidentes de federaciones deportivas y representantes del interés público (o miembros por acumulación. Todos los integrantes son voluntarios y en el caso de los presidentes de federaciones su interés principal es en su deporte específico.

Nunca hemos contado con un equipo de gestión remunerado que ponga en acción las decisiones del Comité Ejecutivo. Es decir, el CE toma decisiones sobre políticas y él mismo las tiene que implantar ejerciendo un doble rol de decidir y ejecutar. Cuando esto sucede, el crecimiento de la organización es limitado y en esta aventura podría identificarse un posible conflicto pues el CE se convierte en supervisar las tareas que ejecuta.

En administración pública se dice que el político es el que ofrece las soluciones a los problemas y el administrador es el que ejecuta las soluciones que ofrece el político. En el caso planteado, COPAPUR cuenta con el equipo político (Comité Ejecutivo) pero carece del equipo administrativo.

Para llenar el vacío administrativo, el CE ha creado comités de trabajo con asignaciones específica, pero operando de la misma forma que todos: de manera voluntaria. Y lo primero que necesita el voluntario es el deseo de llevar a cabo la tarea asignada. Esto es la motivación, el motor principal que brinda la energía para poner todo el empeño posible en el logro de las tareas.

¿Con cuáles herramientas cuenta el CE cuando el voluntario pierde o disminuye la motivación? Cuando el voluntario pierde la motivación total, probablemente renuncia a ejercer las funciones que estaba llevando a cabo. En ocasiones, el CE ha invertido en adiestramientos o de cualquier otra manera y no tiene formas de hacer que se revierta lo invertido, pues se asume que con el tiempo brindado por el voluntario se compensa la inversión.

Pero la realidad es que cuando el voluntario se va, se lleva consigo su experiencia y los conocimientos, lo que implica una pérdida para la organización. Entonces el dilema es cómo mantener al personal voluntario aun cuando manifieste que ha perdido el interés. Quizás una alternativa sería cambiar las funciones. No obstante, esta no es una verdadera solución.

En muchas ocasiones, el voluntario pierde la motivación cuando sus intereses chocan con los de la organización o cuando está en la expectativa de lograr algo más. Ese deseo de logro puede ser algún cambio en la organización, o cambios en las expectativas personales que implica un cambio en su vida, como necesidad económica, la cual quiere satisfacer buscando algún medio de remuneración económica. Sin embargo, no siempre es la razón económica.

En resumen, cuando el voluntario pierde el interés implica una pérdida de recursos humanos para la organización que deja un espacio vacío que tomará tiempo en llenar, pues un nuevo voluntario necesitará adquirir la experiencia en el puesto vacante. Y no olvidemos que la experiencia se adquiere con el pasar del tiempo ejecutando las tareas.

Otro reto que confronta la organización cuando depende del personal voluntario es el tiempo que conlleva cumplir la responsabilidad para la cual fue asignado. En ocasiones el voluntario tiene el interés en asumir una tarea y cuando se le asigna no tiene el tiempo necesario para ejecutarla. Este es un aspecto que genera conflicto entre el querer y el poder hacerla.

Cuando el querer hacer la tarea está limitada por el tiempo con que cuenta la persona para hacerla, se genera un ambiente tenso en la organización. El CE aspira a que la tarea salga pronto pero el que la ejecuta la trabaja en cuenta gotas por sus múltiples compromisos. Entonces, ¿Qué debe hacer el CE para resolver el problema?

El primer dilema para resolver es que no debe desprenderse de los servicios del voluntario, pues en el caso en cuestión, recordemos que tiene interés en servir, pero su conflicto es que no cuenta con el tiempo para hacerlo. Por otra parte, la organización no se puede cruzar de brazos como si nada estuviera pasando. Hacer esto implica renunciar a la tarea.

Aquí es muy importante mantener una buena comunicación con la persona a cargo y hacerle saber de la urgencia de completar la tarea. Quizás una salida satisfactoria sería asignar a otro voluntario afín con el primero, para que en conjunto ejecuten la tarea. En este caso, es muy importante que cada uno tenga los roles debidamente asignados.

Como ya se ha identificado que el voluntario tiene el interés de brindar servicios pero su limitación es el tiempo para hacerlo, entonces se debe reenfocar las tareas que se le asignan. Las mismas deben ser tareas más simples, que requieran menos tiempo o que la ejecución de la misma no tenga urgencia.

Otro reto que tiene que enfrentar la organización cuando depende del personal voluntario es cuan comprometido se encuentra el voluntario con la tarea asignada. Para él debe tener sentido esa tarea. En la medida que se identifique con la misma, se esforzará por tener mejores resultados. Para lograr un compromiso del voluntario, es importante que la tarea sea discutida con él y que se tome en consideración sus recomendaciones. El voluntario debe sentir que él es creador de esa idea. De esa manera se sentirá aportando desde el principio y se sentirá responsable de la ejecución de la misma.

CAPÍTULO SEIS
ETAPAS QUE TRANSITA EL DEPORTISTA

Aquí se lanzan unas ideas para establecer una teoría boricua sobre el camino que recorre un para-atleta desde su inicio en el deporte hasta después de su retiro

Al utilizar el concepto de discapacidad, lo quiero emplear para interpretar una forma diferente de hacer las cosas. En nada el concepto implica carencia de algo. Por el contrario, he demostrado a través de este libro, que la discapacidad en el deporte paralímpico es una forma de potencial las habilidades del para-deportista, hasta llegar al más alto nivel.

De igual manera, enfatizo en el concepto "para", cuyo significado, ya he dicho, es "al lado de" o "paralelo a". El concepto es dado por el Comité Paralímpico Internacional (CPI) para que tomemos conciencia que el movimiento paralímpico esté al lado o paralelo al movimiento olímpico. En nuestra nomenclatura, no enfatizamos en la discapacidad, sino, en la capacidad de hacer el deporte. Por eso hablamos del "paradeportista", "para-atleta", "para natación", etc.

Cuando vea el concepto empleado, significa que se refiere a un deportista de alto rendimiento con discapacidad. El concepto lo puede emplear de cualquiera de las dos formas siguientes: "para-deportista o deportista paralímpico", "para-natación o natación paralímpica", "para-tiro o tiro paralímpico", etcétera.

La discapacidad se adquiere por uno de dos medios: se nace con ella o se adquiere mediante un accidente. Si recordamos el inicio del movimiento paralímpico en 1948, el Dr. Sir Ludwig Guttmann trabajaba con lesionados de la Segunda Guerra Mundial, es decir, con personas que adquirieron la discapacidad como resultados de las batallas. Y este dato es importante que se tenga en cuenta si aspiramos a que el para-atleta llegue al más alto nivel de excelencia deportiva.

Lo planteado en el presente capítulo, toma como modelo mi experiencias por más de 35 años en el ambiente deportivo, primero como atleta y luego como directivo. Recuerdo que comencé a competir cuando estudiaba el noveno grado de escuela intermedia en unas justas escolares. Solo entrenaba cuando se acercaba el evento aunque siempre el deporte me llamó la atención. Siendo estudiante universitario entrenaba, pero no competía. Así que para mi primera competencia formal yo tenía 38 años. Competí en golbol y en atletismo.

El golbol es el único deporte para ciegos exclusivamente y gobernado por la Federación Internacional de Deportistas Ciegos quien examina continuamente la normativa de este deporte. Se trata de dos equipos de tres jugadores en cancha simultáneamente y cada uno intenta meter el gol en la portería del opositor mediante el lanzamiento del balón con la mano.

En cada extremo hay una portería de 9 metros de ancho (30 pies aproximadamente) y el propósito es meter el balón, que cuenta con varios cascabeles que emiten un sonido, que siempre debe ir al ras del suelo. Los jugadores deben evitar que el balón ente en su portería. Cada jugador debe llear un antifaz que cubra sus ojos para igualar la condición entre los ciegos totales y los parciales.

Las líneas que marcan la cancha son al relieve para que sirvan de guías al ciego. El partido consiste en dos mitades de doce minutos cada una y gana el equipo que tenga mayor cantidad de puntos al final. El conjunto lo componen seis jugadores de los cuales tres están en el banco y tres en cancha. Es importante pedir sustitución cuando el dirigente quiera cambiar un jugador.

Entiendo que no era mal atleta, simplemente había dejado pasar el mejor momento. Así que siendo el deporte mi pasión, me refugié en desarrollar mis habilidades en la dirección deportiva. Toda la experiencia adquirida me ha permitido desarrollar un concepto que identifica las etapas o periodos que transita el atleta que aspira a alcanzar el alto rendimiento.

El desarrollo del atleta se da en cuatro etapas desde mi punto de vista. La primera se produce en la niñez previa a los 12 años con la exploración e identificación de un deporte específico. La segunda es la etapa de la definición, la cual ubico entre los 12 y 17 años. La tercera la ubico entre los 18 y 30 años y la llamo la etapa de la madurez. Por último, la etapa de la transformación que se da posterior a los 31 años.

Es importante señalar que la mención de las edades se da para efectos de establecer unos tiempos específicos. Esto significa que las etapas se pueden dar en cualquier momento desde que comienza a explorar los deportes pero siempre se transitará por un tiempo en cada etapa. La primera toma tres años, la segunda cinco, la tercera, doce y la última cuatro o más años. Por lo tanto, el camino de un atleta desde que da sus primeros pasos hasta su retiro puede transcurrir un periodo de veinticinco años.

La regla del alto rendimiento es igual para todo deportista: mientras más joven empiece a practicar el deporte, más probabilidad tendrá de ser exitoso. Por eso es importante comenzar a identificar a los deportistas desde su niñez. He denominado a esta como la etapa de exploración e identificación de un deporte. Lo ideal en esta etapa es que se dé la oportunidad al niño a explorar diferentes deportes, de modo que él pueda determinar más tarde en cuál de ellos se siente más cómodo.

Aquí se introduce al niño a los diferentes deportes en forma de juego, con unas reglas mínimas pero siempre atendiendo la disciplina. Como he dicho, esta etapa tiene una duración mínima de tres años. Por lo tanto, la persona que se inicie en un deporte, no importa su edad cronológica, pasará por este periodo por tres años. Mientras más tarde comience el deportista, más tarde alcanzará el alto rendimiento. Imagina tres personas que comienzan al mismo tiempo en esta etapa. La persona A tiene 9 años, la persona B tiene 15 y la persona C tiene 20. Al final de la primera etapa tendrán 12, 18 y 23 años respectivamente antes de pasar a la segunda etapa.

La premisa anterior aplica al proceso de entrenamiento: mientras más temprano un entrenador identifica al potencial deportista, tiene más posibilidad de moldearlo a su estilo. Es importante que el entrenador se mantenga buscando nuevos conocimientos continuamente, pues tiene mucha influencia sobre el desarrollo del deportista. Este hecho le imparte una gran responsabilidad al instructor.

Cuando se trabaja con niños, es importante seguir todas las reglas impuestas por el estado. Entre ellas, tener la autorización de los padres o encargados del niño y tener una preparación educativa adecuada para enseñar a niños.

El Comité Paralímpico de Puerto Rico (COPA-PUR) reconoce la importancia que el entrenador posea los conocimientos necesarios para ejercer como tal. A esos efectos, exige que cada entrenador posea la licencia o carnet del estado, en este caso, del Departamento de Recreación y Deportes.

La segunda etapa consiste en la definición del deporte que interesa practicar. Luego de la exploración, ya el atleta tiene unas metas claras y comienza a trabajar para desarrollarse en el deporte de su preferencia. En esta etapa es importante preparar un plan de trabajo claro y definido. Aquí se continúa trabajando con la disciplina del atleta pues es importante que siga el plan trazado. El entrenador supervisa dicho plan y de ser necesario se hacen modificaciones.

En esta etapa se expone al atleta a las competencias. Esto lo hace ganar confianza en sí mismo. Cuando se adquieren los valores de disciplina y confianza, estos se convierten en herramientas personales que utilizarán toda la vida. La importancia de esta fase es que el atleta se siente aportando valores a la sociedad.

En esta etapa se busca mejorar continuamente y corregir los posibles errores. Se aprende de cada experiencia competitiva y se comienza a ganar amigos que aspiran a subir a la elite. Volviendo al ejemplo dado anteriormente, al final de la segunda etapa la persona A tendrá 17 años, la B tendrá 23 y C cumplirá 28 años.

Al entrar a la tercera etapa ya el deportista conoce las pistas locales y ha participado en eventos trascendentales localmente. En esta etapa experimenta una nueva experiencia pues ha ganado la madurez necesaria en los escenarios competitivos como para comenzar a competir internacionalmente. Tiene un plan claro de entrenamiento y ha llegado a la elite nacional. Ahora sus aspiraciones son subir al podio internacional.

Participa de competencias regionales propias de cada federación deportiva y tiene el mayor sueño de un atleta o para atleta de llegar a unas olimpiadas o paralimpiadas. He designado esta etapa como la de la madurez, pues ya el deportista ha llegado a los escenarios más importantes internacionalmente. En el caso de nuestro ejemplo anterior, al final de esta etapa las edades para A, B y C son 29, 35 y 40 años respectivamente, partiendo que la misma transcurre en un periodo de doce años.

Esta etapa es la mejor que ejemplifica la importancia de comenzar el deporte en la niñez, específicamente si el mismo requiere un gran esfuerzo físico como es el atletismo. El resultado de una prueba entre los tres atletas de nuestro ejemplo, podría verse afectado por la edad de cada competidor.

Y llegamos a la cuarta etapa: la de la transformación. Esta es la etapa final de un competidor. Al llegar a ella ha pasado las tres etapas anteriores. No es posible evadir ninguna de ellas. O el deportista pasa por todas o se detiene y no puede pasar a la próxima. Por lo tanto, llegar aquí es estar en el más alto nivel deportivo.

El deportista ha ganado experiencias, ha competido en variados escenarios deportivos, conoce todas las reglas. Alcanza un grado de madurez sin precedentes. Esta etapa es producto de la consistencia del atleta. Se puede llegar aquí con o sin medallas, pero la aspiración máxima es subir al podio. En esta etapa se participa en los juegos olímpicos o paralímpicos.

El deportista es muy reconocido nacionalmente y ofrece conferencias, talleres, es invitado a actividаdes especiales y probablemente es auspiciado por una empresa o entidad gubernamental. Ha ganado mucha experiencia y posee un conocimiento vasto.

Siguiendo el ejemplo que he dado durante todo el capítulo, al finalizar este periodo los atletas A, B, y C tendrán 33, 39 y 44 años respectivamente. Lo que implica que con probabilidad el deportista A pueda extender un tiempo adicional su carrera de competidor antes de acogerse al retiro. Los ejemplos aquí dado son solo ilustrativos pues reconocemos que hay deportes donde la edad no le afecta la capacidad de competidor.

Al final del período, como competidor elite, el atleta comienza a pensar en el retiro. Y es aquí precisamente donde empieza la transformación. Esa experiencia y conocimiento adquirido no se puede dejar perder. Le corresponde a la organización deportiva con bases sólida proveer las herramientas educativas para contribuir en la trasformación del atleta a directivo.

Es importante trabajar con el atleta para que comience a mirar otros rumbos dentro del deporte como es el de transformarse a un entrenador o incursionar el aspecto directivo de una organización. En su vida de atleta, la mira era personal, adquirir logros: al transformarse a directivo, con el resultado de todo su proceso de aprendizaje puede aportar significativamente a la sociedad, a la organización deportiva y a los atletas que como él en el pasado, inician su camino deportivo.

En el momento de la transformación, el atleta sede sus aspiraciones personales ante el esfuerzo colectivo de la organización. Su rol cambia de atleta a líder. Se integra a colaborar en alcanzar los objetivos organizacionales, los cuales son determinados por el colectivo. Su aportación es muy valiosa, pues cuenta con el cúmulo de conocimientos adquirido a través de los escenarios locales e internacionales.

EPÍLOGO
CERRAR LOS OJOS PARA VER MÁS LEJOS

Las realidades de hoy, fueron sueños del pasado. Aquí se plasma la aspiración de alcanzar una sociedad más justa a través del deporte paralímpico

El 28 de agosto de 1963 Martin Luther King pronunció un discurso en favor de la igualdad de los negros que resonó en todo el mundo. Explica que 100 años después de la firma de la proclamación de independencia de los Estados Unidos el negro aún no es libre. Y se refería a la falta de derechos que le limitaba su igualdad en relación al ciudadano blanco.

Y es que para Martin Luther King, hablar de ciudadanos no exceptuaba al negro. Su sueño era que el negro pudiera caminar los mismos barrios que el blanco, transportarse en vehículo público sin tener que ceder el asiento al blanco y que los niños pudieran jugar sin importar el color.

En una parte de su discurso dice: "Yo tengo un sueño que un día cada valle será exaltado, cada colina y montaña será bajada, los sitios escarpados serán aplanados y los sitios sinuosos serán enderezados…"

Hoy, al igual que Luther King, tengo un sueño con el paralimpismo local. Quiero que el gobierno reconozca el aporte social del deporte, los resultados significativos al abonar a mejorar la calidad de vida del para-deportista y que nos brinde herramientas para masificar el para-deporte de modo que sea accesible para todo ciudadano puertorriqueño.

Sueño que se nos facilite las condiciones para poder acceder a los centros de entrenamientos. Que cada niño tenga en su escuela un centro de entrenamiento y que cada adulto que reúna los criterios pueda representar a su país en una delegación deportiva del más alto nivel.

Sueño con que cuando se habla de "deportes para todos" o "educación para todos", no sea necesaria una ley adicional que fuerce la inclusión… que los recursos no vayan dirigidos a unos u otros atletas, pues el deseo de competir y el deseo de ganar nos brinda igualdad a todos sin importar si el atleta representa al sector olímpico o paralímpico…

En ese sueño quiero que al despertar el gobierno se percate que cada dólar que invierte en el deporte lo recupera en gloria, en promoción del país y que al igual que lo hace con el Comité Olímpico nos provea recursos adecuados para que nos permita alcanzar a nuestra población.

Sueño que Puerto Rico siga la corriente mundial de darle valor al movimiento paralímpico porque sé que cuando a nuestros atletas se les provee las oportunidades adecuadas, son capaces de medirse a la altura de cualquier nación a nivel mundial. Lo hicimos en el pasado sin recursos con gente de la calidad de Isabel Bustamante, Alexis Pizarro y Nilda Gómez, nuestros medallistas paralímpicos. Lo estamos haciendo en el presente con nuestros medallistas de Toronto 2015 y Lima 2019, Luis Pérez Díaz, Darvin Baéz Eliza y Carmelo Rivera. Lo haremos en el futuro con para-atletas de la calidad de los juveniles Yaimillie Díaz Colón y Anssell Miranda.

Si a través de los pensamientos se pueden mirar los corazones más allá de los cuerpos, se comprenderá que el deseo de obtener la victoria, que el orgullo de representar dignamente a un país y que el esfuerzo por derribar las barreras para triunfar son los mismos en los deportistas que en los para deportistas.

En mi sueño, las federaciones deportivas adscritas al Comité Olímpico de Puerto Rico se harán cargo de desarrollar el para-deporte y crearán comisiones dentro de sus estructuras administrativas para garantizar que el ciudadano que quiera hacer deportes, sin importar su condición, tenga la misma oportunidad. En esa dirección se ha movido la Federación de Taekwondo de Puerto Rico y estamos en conversaciones con los directivos de las federaciones de atletismo y la de tenis de mesa de Puerto Rico.

No estoy inventando la rueda. Así lo hacen cerca de 15 federaciones internacionales que han optado por regir los deportes olímpicos y paralímpicos y son miembros con plenos derechos en el Comité Paralímpico Internacional. Otro ejemplo a seguir es que el comité organizador de los juegos olímpicos es el mismo comité organizador de los juegos paralímpicos.

Ese hecho fue posible porque alguien así lo soñó en el pasado y al despertar, lo puso en función. Habrá tomado tiempo, pero cuando no se pierde el deseo de lucha, tarde o temprano se logra. El mundo ya sabe que hay diferentes formas de hacer las cosas y todas pueden conducir a resultados favorables. El movimiento paralímpico ha sido la institución que más ha aportado al proceso de inclusión social de la persona con discapacidad.

El deporte paralímpico en Puerto Rico aspira a tener una sociedad más justa y contribuye en esa dirección a través del deporte de alto rendimiento.

REFERENCIAS

Blackwell, Wiley. Training and Coaching the Paralympic Athlete. C.O.S. Printers Pte Ltd, New Dheli, India. 2017

Comité Paralímpico de Puerto Rico. Constitución. Revisada 2016.

Comité Paralímpico Internacional. Paralympic Administration Manual, 2010

_____. IPC Historical Results Archive. Db.ipc-services.org/sdms/hira

_____. https://www.paralympic.org/es/america-p. Juegos Parapanamericanos Rio 2007

Fundación ONCE. Libro de Ponencias. I Congreso Paralímpico Barcelona, 92. Edit Grafic. 1993

Gallo del Valle, Teresa y otros. Manual de Accesibilidad Universal en Instalaciones Deportivas. Publicado por el Comité Paralímpico Español, 2016

Luther King, Martin. I Have a Dream. 28 de Agosto de 1963

¿Qué es el Goalball? www.marca.com publicado el 16-nov. 2013

Wikipedia. Juegos Parapanamericanos: Cuadro de Medallas 1999-2019. http://es.wikipedia.org